LO QUE OTROS DICEN SOBRE SAM CHAND

Sam Chand ha dedicado su vida a luchar por el éxito de otros. Conocido como un "liberador de sueños", Sam es un líder de líderes que constantemente desafiará y elevará nuestras mentalidades, limitaciones autoimpuestas y decisiones no examinadas. Sam escribe sobre la base de la enorme riqueza de su propia experiencia con una visión insólita, buen sentido del humor, y consejos muy prácticos.

—*Brian Houston*
Pastor principal global de la Iglesia Hillsong

La enseñanza de Sam Chand es un arma secreta que tiene como resultado el aumento de la materialización eficaz de tu potencial aún no desarrollado.

—*Obispo T. D. Jakes*
Autor de éxitos de ventas del *New York Times*

Sam Chand ha sido uno de los mentores más valiosos de mi vida y ministerio. Tiene un carácter tremendo, una visión de liderazgo muy valiosa, un sentido del humor contagioso y un corazón de pastor. Ha sido mi mentor y ha hecho de mí un líder espiritual mucho más fuerte.

—*Craig Groeschel*
Pastor principal de Life.Church

Samuel Chand es un líder de líderes. Su aguda visión y su vasta exposición al liderazgo le han preparado bien para ser un recurso para el reino. Su pasión natural por el desarrollo de liderazgo es un don refinado que comparte con entusiasmo con líderes consolidados y aquellos que están en desarrollo.

—*John C. Maxwell*
Fundador de EQUIP
Autor de éxitos de ventas del *New York Times*

Nadie hace esto mejor que Sam Chand, y puedo decirlo sobre la base de nuestra experiencia trabajando con él en mi propia iglesia. Su reputación ayudando a compañías a encontrar su camino en el siglo XXI es ejemplar, y su integridad está fuera de todo reproche.

—*Jentezen Franklin*
Pastor principal de Free Chapel
Autor de éxitos de ventas del *New York Times*

Los grandes líderes han dominado el arte de hacer grandes preguntas, pero los líderes legendarios como Sam Chand han dominado el arte de cuestionar su propio pensamiento.

—*Steve Furtick*
Fundador y pastor principal de Elevation Church

El cambio está en el horizonte, pero no llegará por accidente; ¡requerirá intencionalidad por parte de quienes lideran el camino! Como una voz de influencia en el tema del liderazgo, mi amigo Sam Chand te ayudará a dar forma a tu futuro, ¡remodelará tu manera de pensar!

—*John Bevere*
Autor de éxitos de ventas y ministro cofundador
de Messenger International

Una de las voces más respetadas en la Iglesia y en el liderazgo ministerial hoy día es Sam Chand. En su página web, su lema es "La visión de mi vida es ayudar a otros a tener éxito", y es bueno haciéndolo. Sam y yo hemos compartido varios clientes durante los años, y una y otra vez lo he visto cambiar por completo iglesias que batallaban, inspirar a líderes y transformar la cultura en organizaciones que no iban bien.

—*Phil Cooke*
Productor y consultor
Autor de *The Way Back*

Justo cuando pensé que mi amigo Sam Chand había alcanzado su pináculo, trasciende a una nueva dimensión. Sam tiene una habilidad maestra para hacer preguntas penetrantes, que son mejores preguntas que conducen a mejores respuestas, ¡y finalmente a una vida mejor!

—*Obispo Dale C. Bronner*
Autor/Fundador de Word of Faith Family Worship Cathedral

Sam Chand expandirá tu pensamiento, te dará herramientas nuevas, y te ayudará a navegar por tu viaje de liderazgo.

—*Mark Batterson*
Pastor principal de National Community Church

EL CAMBIO HA CAMBIADO

TIEMPO PARA UN REINICIO ESTRATÉGICO

SAM CHAND

WHITAKER HOUSE
Español

Traducido por:
Belmonte Traductores
Manuel de Falla, 2
28300 Aranjuez
Madrid, ESPAÑA
www.belmontetraductores.com

Editado por: Ofelia Pérez

El cambio ha cambiado
Tiempo para un renicio estratégico

ISBN: 978-1-64123-741-3
eBook ISBN: 978-1-64123-742-0
Impreso en los Estados Unidos de América.

www.samchand.com

Whitaker House
1030 Hunt Valley Circle
New Kensington, PA 15068
www.whitakerhouseespanol.com

Por favor, envíe sugerencias sobre este libro a:
comentarios@whitakerhouse.com.

1 2 3 4 5 6 7 8 9 10 11 28 27 26 25 24 23 22 21

ÍNDICE

1

NUNCA VOLVERÁ A SER LO MISMO

Todos estamos navegando juntos por esta nueva normalidad. Mientras nos tomamos de los brazos virtualmente e intentamos ayudarnos unos a otros como podemos, nuestro vasto mundo de repente parece un poco más pequeño y mucho más conectado. Y estamos agradecidos por eso.
—Michael Dell, CEO de Dell

Todo el mundo está cansado. Todos están confundidos. Todos están estresados. Desde la primavera de 2020, los líderes de todas las organizaciones en todos los niveles han sufrido un estrés enorme. Es un hecho que minimizamos bajo nuestra propia responsabilidad.

Tras varios meses de confinamiento, aperturas, más confinamientos, reaperturas e incontables actualizaciones (a menudo opuestas y confusas) sobre el virus, las mascarillas y la promesa de vacunas, realicé una videoconferencia con ochenta y siete líderes de las iglesias más grandes de Europa. Eran de todos los lugares de la Unión Europea. Supuse que su experiencia era similar a la que había oído de líderes en los Estados Unidos y en todo el mundo. A los pocos minutos de nuestra reunión, dije: "Sé que sus corazones están cargados, sus cerebros fritos, están agotados y rendidos por todos los desafíos nuevos y rápidamente cambiantes a lo largo de esta pandemia".

Al instante, todas las cabezas en las pequeñas cajitas en la pantalla de mi computadora asentían. En el entorno de la llamada, les había dado permiso para ser sinceros sobre su estrés mental y su agotamiento físico. No habían sentido que podían quitarse sus máscaras de invencibilidad con la gente de su equipo, pero se sentían seguros conmigo y con los demás presentes.

Mientras conversábamos, se dieron cuenta de algo: si ellos estaban así de estresados y cansados, las personas de sus equipos se sentían aún peor. Como líderes principales de sus organizaciones, tenían opciones. Podían, al menos en cierto grado, protegerse diciendo "no" a algunas demandas y peticiones, pero la gente de sus equipos tenía mucha menos flexibilidad. Estaban bajo la presión de responder a las decisiones inmediatas del líder con respecto a los medios de comunicación, tecnología de la información, instalaciones y programación, y en cuanto a los que trabajan en el mundo empresarial, ventas, producción, investigación y desarrollo, y mercadotecnia en línea. Además de todo eso, se esperaba que esos miembros de equipo dieran resultados incluso aunque la situación cambiara de día en día... y a veces de hora en hora.

Si el nivel de estrés del líder era de siete, las personas del equipo estaban en nueve. Los ochenta y siete líderes de nuestra llamada de repente entendieron por qué todos (los componentes de sus equipos, sus cónyuges e hijos, y ellos mismos) tenían reacciones de tirarse de los pelos ante situaciones aparentemente insignificantes y andaban con una mezcla tóxica de ansiedad, tristeza y resentimiento debido a que las cosas estaban cambiando tanto y de forma tan rápida a su alrededor. Tras la llamada, un líder de Alemania me envió este mensaje de texto:

> Gracias, Sam, por tu análisis exacto y claro de nuestra actual situación emocional. Me sentí muy entendido, y gracias incluso más por tu útil perspectiva. De hecho, ya estamos haciendo mucho de lo que recomiendas, pero tus ideas lo aclararon mucho más. Espero verte pronto en persona, ¡quizá un día en Alemania! Muchas bendiciones.

Una y otra vez he escuchado a líderes en la empresa, la Iglesia y organizaciones sin fines de lucro decirme: "Sam, estoy deseando que todo esto acabe y podamos regresar a la normalidad".

Entiendo totalmente este sentimiento, pero de forma amable y clara les digo: "Sí, eso sería maravilloso, pero me temo que no sucederá. Han cambiado demasiadas cosas como para que podamos regresar a como solían ser antes las cosas. De hecho, ¡ha cambiado la naturaleza misma del cambio! A partir de ahora viviremos con él".

HAN CAMBIADO DEMASIADAS COSAS COMO PARA QUE PODAMOS REGRESAR A COMO SOLÍAN SER ANTES LAS COSAS. DE HECHO, ¡HA CAMBIADO LA NATURALEZA MISMA DEL CAMBIO!

CAMBIO CLIMÁTICO

No, no me estoy refiriendo a los combustibles fósiles, los fuegos incontrolados, huracanes y aumento de los niveles del mar. Estoy hablando sobre nuestro ecosistema sociológico, que está experimentando mucho más estrés en mucho menos tiempo que nuestra meteorología. El primer paso para responder a un periodo de cambio rápido es mirar de frente a los factores de cambio:

- Estamos experimentando la peor crisis sanitaria desde la pandemia de la Gripe Española de 1918-1919. En un artículo en la revista *TIME,* Laura Spinney compara las dos emergencias de salud:

Mientras el mundo pelea contra una emergencia de salud global llamada COVID-19, muchos están extrayendo paralelismos con una pandemia de otra enfermedad infecciosa (gripe) que arrasó el mundo hace unos cien años. Deberíamos seguir confiando en que esta no será tan mala, pero la gripe de 1918 tuvo consecuencias trascendentales a largo plazo, en particular en cuanto a la forma en que los países llevan a cabo el cuidado de la salud.[1]

- Estamos experimentando la mayor crisis económica desde la Gran Depresión de la década de 1930. Cuando se produjeron los confinamientos en la primavera de 2020, muchos negocios (si no la mayoría) tuvieron que cerrar temporalmente o cambiar drásticamente la forma en que hacían negocio. La mercadotecnia y las ventas en el Internet se dispararon debido a que la gente no podía ir a tiendas que habían cerrado, o escogía evitar el contacto en las que permanecían abiertas. Mientras seguía el balancín de cierres y aperturas, las pequeñas empresas sufrían. Kevin Kuhlman, vicepresidente de las relaciones del gobierno federal para la Federación Nacional de Empresas Independientes, dijo en la revista *Fortune*: "Si la tendencia económica continúa a este ritmo, uno de cada cinco dueños de negocios anticipa que no sobrevivirá". Más de 100.000 negocios han permanecido cerrados, devastando a propietarios, empleados y sus familias.[2] Esta asombrosa cifra representa el sesenta por ciento de los negocios que cerraron temporalmente durante la pandemia.

- Estamos experimentando la mayor turbulencia social desde la década de 1960.

Quizá algunos lectores no sean lo suficientemente mayores para recordarlo, pero la década de los sesenta vio las marchas por los derechos civiles; la violencia contra los Viajeros de la Libertad, que fueron en autobuses al Sur para defender el sufragio de los afroamericanos; al jefe de policía de Birmingham, Bull Connor, guiando a perros feroces y cañones de agua a manifestantes en protestas pacíficas; los asesinatos del presidente John F. Kennedy, su hermano Robert, y el ministro bautista y líder por los derechos civiles Martin Luther King Jr.; subsiguientes protestas a lo largo de todo el país tras la muerte de King; violencia policial en la Convención Nacional Demócrata; y el asesinato de cuatro estudiantes desarmados a manos de las tropas de la Guardia Nacional en la Universidad de Kent State. Y todo esto sucedió mientras la nación estaba amargamente dividida por la impopular Guerra de Vietnam.

En el verano de 2020 varias ciudades vieron protestas pacíficas, que se volvían violentas, contra el asesinato de personas afroamericanas. Cuando los gobernadores y alcaldes parecían sentirse impotentes para sofocar la violencia noche tras noche, muchos en el país estaban enfurecidos. En lugar de unirse para lograr justicia, ambos lados se endurecieron en su enemistad hacia el otro. Muchas iglesias, especialmente las que han hecho un buen trabajo al alcanzar a una población diversa, han visto cómo se trazaban líneas en sus congregaciones. Con demasiada frecuencia, la falta de empatía que ven en las noticias se ha replicado en sus relaciones con quienes están en la iglesia y que son de una etnia, un trasfondo, y un estatus socioeconómico distinto.

Cada programa de noticias es como un reporte diario sobre una crisis de rehenes. Los reporteros dan noticias terribles y avisos urgentes. No pasó mucho tiempo hasta que muchas personas evitaron por completo las retransmisiones, pero siguen enfrentando el peso continuo del problema. Todos estamos sufriendo:

- *Dolor* por la pérdida de personas que amamos, rutinas que nos hacen sentir incómodos, pérdida del sentimiento de seguridad y de la cercanía con nuestros amigos y familia.
- *Resentimiento* porque aquellos en quienes confiábamos no han sabido protegernos, no han sabido proveer para nosotros, y no parecen tener respuestas a las preguntas más acuciantes.
- *Ansiedad* porque la incertidumbre nos roba un fundamento sólido de confianza y consuelo.
- *Polarización,* la cual existía antes de la pandemia, pero ahora nos divide en todo, desde las mascarillas y las vacunas hasta los resultados de las elecciones.

- *Presiones económicas,* especialmente en las vidas de los propietarios y empleados cuyos negocios han cerrado y han perdido sus empleos.
- *Sospecha de los líderes* porque un efecto reflejo del estrés es cuestionar la inteligencia e integridad de los que están tomando decisiones.
- *Incertidumbre epistemológica sobre lo que es verdad* porque casi todos en el Internet afirman o parecen ser los expertos preeminentes en cada tema, y atacan ferozmente si alguno se atreve a discrepar.
- Y nos preocupamos por cómo todo esto está afectando a *nuestros hijos,* que no tienen interacciones cuando las escuelas están cerradas y absorben los "rayos de preocupación" que emitimos en la atmósfera de nuestros hogares.

Por supuesto, los impactos negativos de la pandemia no nos afectan igualmente a todos. Pocos soportamos todos estos factores, pero prácticamente todos sufrimos al menos algunos de ellos. Algunas personas aparentemente han prosperado en esta dolorosa etapa. Los inversores han hecho mucho dinero, pero el dinero no puede comprar la seguridad y el amor. Y los que estaban en los márgenes de la sociedad, como muchos en nuestras iglesias y que solían comprar en nuestras tiendas, están siendo golpeados con una maza de estrés.

En una reflexión personal aleccionadora sobre la vida durante la pandemia, el escritor en el *National Review,* Michael Brendan Dougherty, se dio cuenta de que él y otros habían acudido a un lenguaje clínico distante para describir el costo emocional: "Sentimos que se nos permite hablar de los 'efectos de salud mental' de confinamientos, cierres, y la falta de sociabilidad dirigida por el temor en nosotros mismos y en nuestros hijos. Pero, cuando lo hacemos, hablamos sobre nosotros como animales de laboratorio, como si fuéramos observadores neutrales de nuestras vidas". Pero el año no fue una pérdida total. Dougherty absorbió lecciones importantes. "Personalmente, el año pasado ha fortalecido mi convicción de que la vida no se puede vivir vía pantallas, y que el verano —cuando llegue— debería estar lleno de grandes reuniones… y muchas lágrimas ardientes sobre lo que hemos perdido".[3]

LOS QUE ESTABAN EN LOS MÁRGENES DE LA SOCIEDAD, COMO MUCHOS EN NUESTRAS IGLESIAS Y QUE SOLÍAN COMPRAR EN NUESTRAS TIENDAS, ESTÁN SIENDO GOLPEADOS CON UNA MAZA DE ESTRÉS.

SIN DEVOLUCIONES RÁPIDAS

A menudo pensamos en "el impacto prolongado del COVID-19" como una preocupación de salud, y sin duda lo es. Los doctores han identificado "veteranos" que siguen sufriendo efectos adversos del virus meses después de la infección inicial. También reportan casos alarmantes del daño permanente del virus en los órganos, como hígado, riñón, pulmones y corazón.[4] También ha habido información competente y contradictoria sobre la seguridad de las vacunas mismas del COVID-19. Pero los efectos físicos son solo parte del doloroso legado de la pandemia. Un reporte preliminar sobre el impacto de la distancia social llama a esto una "doble pandemia", y sugiere que los efectos estarán con nosotros por mucho tiempo:

> Con la excepción de los "trabajadores esenciales", la pandemia ha significado una proximidad física limitante para aquellos con los que uno vive. Para el 28 por ciento de los estadounidenses que viven solos, esto ha significado poco o nada de contacto humano durante meses. Al margen de la situación de vida, las interacciones con personas fuera del hogar se han visto severamente limitadas para todos. Sondeos preliminares sugieren que, dentro del primer mes del COVID-19, la soledad aumentó entre un 20 y un 30 por ciento, y la angustia emocional se triplicó. Aunque se siguen realizando varios sondeos para captar toda la extensión del problema, la evidencia actual sugiere que la preexistente crisis de salud pública de aislamiento social y soledad podría estar mucho más extendida de lo que se estimaba en un principio... La proximidad con otros, particularmente otros de confianza, aporta seguridad. Cuando nos falta la proximidad con otras personas de confianza, nuestro cerebro y nuestro cuerpo pueden responder con un estado de alerta intensificado. Esto

puede dar como resultado un aumento en la presión sanguínea, hormonas del estrés y respuestas inflamatorias, lo cual, si se experimenta de forma continua, puede hacer que aumente nuestro riesgo de sufrir varias enfermedades crónicas.[5]

AGENTES DE CAMBIO

Los líderes (los principales ejecutivos y todos los que lideran en nuestras organizaciones) son *agentes de cambio* que anticipan la necesidad de hacer cambios y tomar decisiones valientes. Son *líderes de cambio* que ayudan a su gente a dar pasos hacia adelante. El problema, como he destacado, es que muchos estamos agotados mental, física, emocional y espiritualmente, y aquellos a quienes lideramos están desgastados por incertidumbre, dolor, ansiedad, polarización, y una molesta sospecha de que sus líderes (que somos nosotros) en cada ámbito de la vida realmente no saben lo que está pasando. Las reuniones virtuales han salvado empresas y empleos, pero la falta de contacto significativo es como dar pequeños sorbitos de agua de vez en cuando en un desierto: nos mantenemos vivos, pero aún estamos sedientos e insatisfechos. Más que nunca, nuestras organizaciones y nuestra gente necesitan que les demos tres ingredientes esenciales: dirección clara, empatía, y un sentimiento de esperanza. Sin ellos, los efectos del estrés inducido por la pandemia continuarán erosionando la visión, el gozo y la creatividad. Pero, con ellos, las personas pueden aprender y crecer en esta época difícil y prolongada de incertidumbre.

Es fácil sentirse abrumado por la avalancha de noticias, que son principalmente malas noticias, ¡y advertencias de que *las cosas empeorarán aún más*! Si no tenemos cuidado, o bien nos volveremos reactivos sin pensar, lo que hace que nuestra gente dude de nuestra sabiduría, o nos volveremos pasivos y taciturnos, lo que les invita a mirar hacia otro lado en busca de dirección. Incluso después de lograr la inmunidad de rebaño y que las empresas y las iglesias vuelvan a abrir, el daño del año pasado permanecerá con nosotros. En la continua incertidumbre, los líderes necesitan hacer cinco preguntas cruciales:

1. ¿Qué deberíamos *comenzar*?

   Para algunos, es inconcebible hacer planes de comenzar algo nuevo al estar lidiando con la tragedia y la pérdida, pero los grandes líderes saben que los tiempos bajos (en el mercado y la comunidad) ofrecen oportunidades increíbles para los que son sabios y ágiles.

2. ¿Qué deberíamos *detener*?

   Nos damos cuenta de que, al menos algunas de las reuniones, programas y eventos que planeamos en tiempos "normales" ya no encajan. Estaremos desperdiciando nuestro tiempo y nuestros recursos si insistimos en continuar con ellos.

3. ¿Qué deberíamos *suspender* hasta después?

Algunas actividades serán apropiadas después, pero no ahora. Necesitamos priorizar nuestros planes para enfocarnos en los que marcarán la mayor diferencia a corto plazo.

4. ¿Qué se debe *mantener* cueste lo que cueste?

Los valores organizacionales no se pueden sacrificar de ningún modo. El *qué, cómo* y *cuándo* pueden cambiar, pero el *propósito* y los *valores* siguen siendo la luz que guía a la organización.

5. ¿Qué acelerará nuestra *velocidad* de crecimiento?

En una crisis sostenida, las personas de la comunidad y posibles clientes están buscando organizaciones que se puedan adaptar al entorno cambiante, que hablen a sus necesidades emocionales y a sus necesidades físicas, y que ofrezcan servicios y productos que quieren desesperadamente. Las iglesias y los negocios que ven estas oportunidades crecerán… y las demás se tambalearán y quizá morirán.

Estas son preguntas importantes cuando las cosas van bien, pero son cruciales cuando nos vemos ante tiempos de incertidumbre, estrés y duda.

FLEXIBLE... Y RÁPIDO

Es casi cómico: cada pastor con el que he hablado desde que comenzó la pandemia me ha dicho que tenía planes a largo plazo para utilizar sus plataformas en línea, pero que se vieron forzados a implementarlos en cuestión de días cuando se anunció un confinamiento. De repente, ¡la planificación y la implementación se comprimieron en un instante!

Una crisis saca lo peor o lo mejor de la gente, ¡y a veces lo peor y lo mejor de la misma persona! Algunos se hunden bajo el estrés, pero otros se vuelven más creativos, afirman más a quienes contribuyen, son más pacientes con los que se están esforzando, y están más dispuestos a asumir riesgos valientes. Los líderes que ajustan sus planes para apoyar a sus empleados ganan enormes reservas de confianza y respeto. Por ejemplo, cuando una cadena de comida rápida tuvo que cerrar sin fecha predecible para volver a abrir, la dirección evitó los despidos asociándose con una empresa de salud y bienestar que necesitaba ayuda con su demanda de pedidos vía Internet.

En una crisis, la planificación cuidadosa, detallada e investigada deja de ser una opción. El riesgo no está en tomar una *mala* decisión; está en no tomar *ninguna* decisión. Un artículo en *McKinsey Quarterly* observa que las organizaciones que se mantienen con demasiada burocracia, que son lentas y están enfocadas en los beneficios más que en las personas, se están quedando atrás. Explica:

> La inercia es claramente más arriesgada que la acción ahora mismo, así que las compañías se están movilizando para abordar la amenaza inmediata de maneras que les hubiera costado cuando tomaban retos más abstractos, como la tecnología digital, la automatización y la inteligencia artificial (todo aquello que aún se avecina). Experimentos atrevidos y nuevas formas de trabajar son ahora la empresa de todos. ¿Las nuevas mentalidades serán conductas que permanezcan? No lo sabemos. ¿Fue necesaria una pandemia para que las empresas se enfocaran en el cambio que importa? Es demasiado pronto para saberlo. Aun así, como dijo un líder con el que hablamos: "¿Cómo podremos volver a decirnos a nosotros mismos en un futuro que no podemos ser más rápidos? Hemos demostrado que podemos. No vamos a volver atrás".[6]

En tiempos como estos, cualquier factor que haya enmascarado la verdadera naturaleza de la gestión ha sido eliminado, y la verdadera identidad organizacional ha sido revelada. Pastores y líderes de empresas tienen una oportunidad de oro para mostrar que sus valores son más que palabras al viento en cuanto a integridad, compasión y unidad. El carácter se da por hecho o se pasa por alto en los buenos tiempos, pero es claramente evidente cuando llega la hora de la verdad y la gente está sufriendo. La gente mira a los ojos de sus líderes y escucha el tono de la voz que dice: "Superaremos esto, y lo haremos juntos. Puedes contar conmigo, y podemos contar el uno con el otro".

En tiempos de incertidumbre, la mente divaga, la visión declina y la acción disminuye, a menos que los líderes animen a su gente a hacer algo que marque la diferencia cada día. Quizá no sea algo enorme, pero mostrar compasión y pasar a la acción concreta para ayudar a alguien le aporta al empleado un sentimiento de que está teniendo un impacto, porque así es.

Una palabra que he escuchado una y otra vez en la pandemia es *giro*. La organización iba en cierta dirección, pero la crisis obligó a los líderes a cambiar el rumbo y a cambiar al momento. Una empresa que posee y gestiona una cadena de teatros de repente pasó de mostrar éxitos de taquilla a cerrar sus puertas. Pero el CEO no se rindió. En dos días, la dirección volvió a entrenar a 1000 empleados para trabajar en la floreciente empresa de comestibles al por menor. ¿Crees que los empleados del teatro se sintieron valorados por sus líderes? Estoy seguro de que su lealtad nunca ha sido mayor.

Las burocracias y los sistemas que funcionaban en tiempos normales se deben adaptar en las etapas extraordinarias. Grandes reuniones con mucha investigación y una toma de decisiones lenta no funcionan en las crisis. Compañías e iglesias están formando equipos más pequeños y dándoles más autoridad para actuar. ¿Tomarán algunas decisiones que lamentarán? Por supuesto, pero mostrarán a sus componentes que están activamente involucrados para suplir las necesidades. Y algunos segmentos de la organización que eran secundarios antes de la pandemia, como los departamentos de Tecnología de Computación, ahora son vitalmente importantes para hacer que los líderes conecten con miembros y clientes. En otras palabras, la gráfica organizacional se ha remodelado por completo. (Más sobre esto capítulos adelante).

A MEDIDA QUE LAS ORGANIZACIONES SE VUELVAN MÁS SENSIBLES Y SE ADAPTEN MÁS RÁPIDAMENTE, LOS LÍDERES SERÁN CAPACES DE IDENTIFICAR A LOS MIEMBROS DESTACADOS DE SUS EQUIPOS, LOS QUE ESTÁN A LA ALTURA DEL RETO CON UNA MEZCLA DE CREATIVIDAD, TALENTO, OPTIMISMO Y TENACIDAD.

A medida que las organizaciones se vuelvan más sensibles y se adapten más rápidamente, los líderes serán capaces de identificar a los miembros destacados de sus equipos, los que están a la altura del reto con una mezcla de creatividad, talento, optimismo y tenacidad. Estas son las personas que lideran hacia el futuro, los que captan el momento y convierten el caos en oportunidades. Un artículo regular de *McKinsey & Company* titulado "La lista de seleccionados" aconseja a los líderes ser flexibles y rápidos. El riesgo, afirma el autor, es que cuando lo peor de la crisis haya pasado, los líderes se verán tentados a regresar a "la empresa como era antes".

> Ahora, a medida que el mundo avanza hacia la recuperación, el riesgo es que la inercia se asiente, junto con un anhelo por regresar al estilo de funcionamiento de días pasados. En nuestras conversaciones con CEOs nos impactan las historias de cómo algunos directores jóvenes están definiendo los problemas y las frustraciones de este periodo difícil. Solo avanzando nuevos perfiles de líderes que se adaptan, que son resilientes, así como una gerencia media con fluidez en la tecnología y que cruza silos, las compañías serán capaces de trabajar con la velocidad y el impacto necesarios. Es tiempo de algunos ascensos en el campo de batalla.[7]

Sin duda. Los ascensos en el campo de batalla se dan porque las personas muestran valor, habilidad y un liderazgo ejemplar en el fragor del momento, exactamente las cualidades que los líderes están buscando en su gente en este momento.

MI PROMESA

Mis amigos que viven en el Golfo y en las costas del Atlántico han tenido más huracanes de los que hubieran querido, y me dicen que hay algo que temen más que el viento que silba y la lluvia que cae, y que siempre parecen llegar en la noche. Les molestan más las largas operaciones de limpieza para volver a arreglar sus hogares, empresas y comunidades.

La pandemia es el huracán, y tan solo acabamos de comenzar el prolongado proceso de limpieza. Cuando terminemos, sin embargo, nuestras organizaciones pueden ser más fuertes que nunca y podremos tener mejores líderes que nunca.

Al avanzar en este libro, estoy haciendo tres promesas:

1. Primero, encontrarás mucho entendimiento y compasión. Entiendo cómo te sientes, y empatizo con los desafíos que enfrentas.
2. Te daré muchas perspectivas sobre la complejidad de tu situación.
3. Te ofreceré principios y prácticas que puedes aplicar en este momento, hoy mismo, para que seas un mejor líder en este tiempo en el que todos te necesitan más que nunca.

Las viejas suposiciones sobre la toma de decisiones, el equipo de personal y los procesos ya no funcionan. Este libro te dará conceptos que encajan con la realidad de nuestro mundo dinámicamente cambiante.

(Nota del autor: Estoy haciendo una gran suposición al pensar que, cuando se publique este libro, lo peor de la pandemia ya habrá pasado. Como verás en estos capítulos, creo que los efectos estarán con nosotros durante un largo tiempo).

PARA RECORDAR

- Durante y tras la secuela de la pandemia, los líderes están fritos: emocional, física, mental y espiritualmente.
- Para liderar con eficacia, tenemos que formular (y responder) cinco preguntas cruciales:
  - ¿Qué deberíamos *comenzar*?
  - ¿Qué deberíamos *detener*?
  - ¿Qué deberíamos *suspender* hasta después?
  - ¿Qué deberíamos *mantener* cueste lo que cueste?
  - ¿Qué acelerará nuestra *velocidad* de crecimiento?
- Velocidad, flexibilidad, valentía y ánimo son más importantes que nunca debido al modo en que procesamos que el cambio ha cambiado radicalmente.

Al final de cada capítulo encontrarás algunas preguntas para estimular una mayor reflexión y proporcionar oportunidades para tener buenas discusiones con tu equipo. No te apresures a responderlas. ¡No son un examen con tiempo! Considera cuidadosamente cómo te puedes adaptar para ser flexible y rápido.

PARA PENSAR

1. ¿Cómo describirías el estrés personal, familiar y organizativo que has sentido desde que comenzó la pandemia?

2. ¿Cómo ha afectado el estrés tu relación con tu equipo y tus constituyentes (tu equipo de liderazgo y los miembros de tu iglesia o clientes de tu empresa)?

3. En una escala de cero (nada) a diez (todo el día, cada día), ¿cuán bien has adaptado tu liderazgo para ser flexible y rápido? Explica tu respuesta.

4. ¿Qué esperas sacar de este libro?

2

TRES CAMBIOS MASIVOS

No hay que temer nada en la vida, solo hay que entenderlo. Ahora es el momento de entender más, para poder temer menos.
—Marie Curie, física, química, y científica nuclear

Antes de la pandemia, cuando alguien con una mascarilla entraba en nuestras tiendas o en nuestra iglesia, llamábamos a la policía. Después, si alguien *no llevaba* una mascarilla, ¡llamábamos a la policía! Hoy día estamos enfocados en cosas en las que antes ni siquiera pensábamos. Cuando convocamos una reunión, ¿la haremos presencial o virtual? Cuando entramos en una sala, ¿la mascarilla es obligatoria o menospreciada? Cuando alguien tose o estornuda, ¿estaremos expuestos a la variante del virus más virulenta? Cuando salimos al supermercado, ¿alguien actuará como si nunca hubiera comprado, al acercarse a nosotros para alcanzar una lata de frijoles, o respetará la distancia social?

¿Quién se hubiera imaginado que pensaríamos en cosas como estas?

Al final del verano de 2020 el país estaba agitado con protestas por la discriminación racial, y se produjeron revueltas relacionadas con ella en varias ciudades, negocios cerraban a un ritmo alarmante, al tiempo que la época de campaña electoral estaba en pleno auge. Estaba yo en consultoría con un pastor que ha formado una gran congregación étnicamente diversa que se reúne en varias ubicaciones. Este pastor me dijo: "Sam, no importa qué afirmación haga sobre cualquier tema que esté en las noticias hoy, la mitad de nuestra gente estará de acuerdo conmigo, y la otra mitad creerá que he perdido el juicio y el alma". Me contaba que las personas de su congregación durante años habían traspasado las barreras racial y cultural para amarse unos a otros, pero en las acaloradas condiciones del verano, la enemistad había eliminado la buena voluntad y el entendimiento. Me pedía que hablara a su iglesia; y la fecha que encajaba en mi calendario era el domingo antes de las elecciones a principios de noviembre. (¡Muchas gracias, pastor!).

Mientras estudiaba y oraba para prepararme, me recordaba a mí mismo que él me había invitado para ser un bien, no una carga. Él esperaba que Dios me usara para ayudar a sanar las divisiones, no para causar heridas más profundas. Yo quería que Dios me hablara y que después lo hiciera a través de mí para que la iglesia estuviera un poco más unida mediante un entendimiento más profundo y una mayor compasión, y el pastor no tuviera que arreglar ningún lío que yo hubiera causado con mi mensaje. En una iglesia culturalmente diversa, las emociones sobre los candidatos presidenciales están sensibles. No podía ignorar la realidad de la tensión, pero esperaba que mis palabras y mi tono produjeran esperanza para disolver al menos parte de la furia en ambas partes.

El voto anticipado llevaba en vigor varias semanas ya, pero se había detenido ese fin de semana. Los puestos electorales en el día de las elecciones abrían unas cuarenta y cinco horas después de que yo hablara. Amo a este pastor y amo a esta gente. Ciertamente no quería aparentar no tener oído mientras les hablaba.

Esta no era una preocupación arbitraria. Conocía a un pastor a quien le pidieron que se pronunciara unos meses antes cuando su congregación racialmente diversa se encendió por la agitación en el país. Me dijo que tuvo que escoger entre ponerse de un lado, ponerse del otro lado, o no decir nada y seguir predicando sobre la serie que ya había comenzado. Él escogió seguir con la serie y evitar detonar los explosivos emocionales, pero incluso su cuidadosa evasión creó una chispa. Al domingo siguiente, más de 1200 personas se fueron de su iglesia porque llegaron a la conclusión de que no era suficientemente leal a lo que ellos pensaban.

Su iglesia no es la única que ha sufrido. Conozco pastores cuyas iglesias han cerrado permanentemente sus puertas porque la gente no fue capaz de encontrar una manera de construir puentes de entendimiento y amor.

Con estas historias de horror en mente, era muy consciente de que mi mensaje aquel domingo antes de las elecciones podría tener un efecto poderoso, de una forma o de otra. En la iglesia de mi amigo, la gente claramente se había posicionado, y estaban definidos en lo emocional en la defensa de sus posturas. Yo no iba a poder convencerlos de sus creencias, así que tuve que apelar a ellos a un nivel más alto. Ellos podrían disputar hechos (y hechos alternativos) sobre la situación cultural y política, pero mi tarea era presentarles la verdad más alta de Dios, y después confiar en que su Espíritu les diera un corazón receptivo.

¿Qué fue distinto en mi preparación? Siempre he enseñado la verdad de la Palabra de Dios. He señalado constantemente a las personas a Jesús como el Salvador y Redentor, y he llamado a las personas a alinear sus deseos, actitudes y decisiones con la verdad eterna y los valores del reino de Dios. Pero esta vez, era consciente de que había emociones mucho más intensas y un nivel de riesgo que era mucho mayor de lo normal. Mientras estudiaba y oraba, practiqué la *consciencia plena,* sopesando con cuidado cada punto, incluso cada frase, para construir, sanar y restaurar.

Es muy fácil suponer que nuestra audiencia comparte nuestras creencias. Pero a medida que nuestra cultura se hace más diversa y se divide más, los líderes tienen que recorrer la milla extra para entender los distintos puntos de vista; es igual de importante demostrar que entendemos a la gente que nos ve y nos escucha. Y tenemos que darnos cuenta de que algunas frases comunes se escuchan de forma muy distinta según los diferentes segmentos de nuestra audiencia. Por ejemplo, si decimos que valoramos la santidad de la vida humana apelaremos a la derecha, pero la izquierda sospechará que defendemos la intrusión en la vida privada de las mujeres. O si afirmamos que Jesús mostró un cuidado especial a los destituidos, los marginados y los desechados, la izquierda es posible que se sienta apoyada, pero los de la derecha quizá se pregunten por qué no insistimos en la responsabilidad personal. La lista de ejemplos podría ocupar varias páginas, pero creo que entiendes la idea.

Permíteme establecer dos puntos: en primer lugar, si nuestra audiencia *no* es diversa, estamos haciendo un mal trabajo de alcanzar a los que están más allá de nuestras zonas de comodidad culturales. Jesús se desvió de su camino para alcanzar a una mujer samaritana con un pasado sospechoso, a una mujer sirofenicia que lo desafió, y a un rico recaudador de impuestos considerado un traidor de su pueblo. (Ver Juan 4:7-30; Marcos 7:24-30; y Lucas 19:1-10, respectivamente). ¿Tienen nuestras congregaciones y nuestros empleados un tinte multicolor? Y, en segundo lugar, nuestra tarea como comunicadores es pensar en un plano superior, identificar principios y verdades que apliquen a todos. Dicho de otro modo, ¡deberíamos ser reincidentes en la igualdad de oportunidades! Si comunicamos que solo nos importan las necesidades y los intereses de un grupo y no de cualquier otro, hemos fallado en amar como Jesús. Ese es el desafío para los líderes hoy.

SI COMUNICAMOS QUE SOLO NOS IMPORTAN LAS NECESIDADES Y LOS INTERESES DE UN GRUPO Y NO DE CUALQUIER OTRO, HEMOS FALLADO EN AMAR COMO JESÚS.

Todo ha cambiado, incluyendo tu entorno, tú mismo, y las personas que lideras. Y no son alteraciones menores, sino cambios masivos. Echemos un vistazo...

CAMBIO NÚM. 1: TU ENTORNO HA CAMBIADO

Quizá el cambio más común y visible en nuestro entorno es el número masivo de personas que de repente salieron de los edificios de oficinas y comenzaron a trabajar desde sus casas. En un artículo en *Forbes,* Falon Fatemi explica:

> Según las investigaciones de Gartner, casi tres cuartas partes (74%) de los CFO esperan pasar a un número de empleados que antes estaban en las instalaciones, a entornos de trabajo remotos de manera permanente después del COVID-19. Esta transición está impulsada principalmente por un deseo de reducir los costos de los inmuebles comerciales... En la era pospandemia, aunque algunas compañías tomarán la decisión

> de hacer una transición del 100% de su fuerza laboral a un entorno de trabajo remoto, es muy posible que la mayoría de las empresas opten por un enfoque híbrido que permita a empleados seleccionados que trabajar de forma remota, o que todos los empleados trabajen de forma remota parte del tiempo. Para reclutar talento de primera, las empresas necesitarán pensar muy bien cómo será su política de trabajo remoto. ¿Quién puede trabajar de forma remota? ¿Hay un proceso de aplicación? ¿Cuál será si lo hay?[8]

Lo seguro es que algunos cambios son permanentes, pero otros son temporales. La compra en el Internet para el rango total de bienes de consumo estaba aumentando ya antes de la pandemia, y no disminuirá mucho, si es que disminuye, cuando termine. Pero muchos estamos contando los días para poder dejar de pedir comida para llevar y regresar a nuestros restaurantes favoritos.

¿Cómo podemos mantenernos relevantes en una cultura en medio del cambio rápido? En un artículo en el *Harvard Business Review*, Michael Jacobides y Martin Reeves recomiendan cultivar un punto de vista distinto para captar el momento:

> En el ejército, una técnica para descubrir lo que no sabes es usar "los ojos del enemigo". Los líderes militares se preguntan: ¿A qué está prestando atención el enemigo? Y después cambian su propia atención en consonancia para iluminar posibles puntos ciegos y

> perspectivas alternativas. Lo mismo se puede aplicar al inconformista industrial y a la competencia: ¿Quién lo está haciendo bien? ¿En qué segmentos del mercado están enfocados tus rivales? ¿Qué productos o servicios están lanzando? El mismo principio se puede extender a los clientes: ¿Cuáles están mostrando nuevas conductas? ¿Quién se ha mantenido leal? ¿Qué nuevas necesidades inducidas por la crisis tienen los clientes, y a qué están prestando atención?... En tu propia organización, pregúntate: ¿Qué innovaciones en el lugar de trabajo se están implementando en las grandes firmas? ¿A qué nuevas necesidades están respondiendo los empleados? ¿Qué oportunidades representan que se podrían desarrollar potencialmente y dar a conocer de manera más amplia?[9]

Muchos de nosotros no vemos a otras iglesias o incluso otras empresas como "el enemigo". Todos estamos trabajando juntos para edificar y avanzar el reino de Dios y proveer para la gente de nuestras comunidades. En un espíritu de unidad y sacrificio compartido, podemos aprender los unos de los otros, compartir nuestros éxitos y fracasos, y animarnos unos a otros a mejorar.

CAMBIO NÚM. 2: TÚ HAS CAMBIADO

Si crees que el estrés asociado con la pandemia no te ha afectado, estás viviendo en un mundo de ensueño. No, la mayoría de nosotros no hemos sucumbido bajo la presión, pero hemos aprendido a vivir con una incesante incertidumbre y un bote salvavidas lleno de temores incómodos: "¿Me enfermaré?". "Y qué ocurrirá si tenemos que volver a cerrar... otra vez?". "¿Me llegará el dinero hasta que todo esto termine?". "¿Cómo está afectando esto a nuestros hijos?". "Llevo meses sin ver a mi mamá anciana. Sé que está muy sola". "No estoy seguro de si podré tener las respuestas correctas, incluso si las tendré lo suficientemente rápido".

Como líderes, siempre hemos llevado la carga de lanzar la visión, crear planes y liderar a la gente hacia un futuro mejor, pero cuando el futuro está nublado y la gente nos mira más que nunca, la carga puede ser insoportable.

El miedo a las amenazas reales es una reacción muy normal y necesaria. Cuando un automóvil hace un viraje delante de nosotros, una ráfaga de adrenalina nos alerta y reaccionamos para evitar una colisión. A la subida inmediata le sigue rápidamente un regreso al equilibrio. Pero ¿qué ocurre cuando es un auto tras otro? La subida de adrenalina crónica nos hace estar *siempre atentos*, híper alertas, y en modo reactivo. Nuestro cuerpo y nuestra alma no fueron creados para eso. Además de vivir *con el alma en vilo*, quizá estemos experimentando un corazón acelerado, dolores de cabeza, la imposibilidad de concentrarnos, así como sudoración excesiva. Gracias a nuestra obsesión con las redes sociales, algunos expertos han llamado a nuestra nueva conducta en línea *doomscrolling* (consumo de contenidos negativos). Quizá nos sentimos indefensos e impotentes, nos paralizamos, tenemos reacciones emocionales exageradas ante eventos en las noticias, y por lo general nos sentimos impacientes e irritables.

Algunos solo tenemos breves brotes de ansiedad, pero otros sienten que han caído en un pozo de angustia y no pueden encontrar una salida.

CAMBIO NÚM. 3: LA GENTE A TU ALREDEDOR HA CAMBIADO

Sí, eres un líder dotado y atento, pero es un error suponer que has protegido del estrés de la etapa de la pandemia a tu equipo, a tu familia y a otras personas a las que sirves. La salud mental siempre ha sido una preocupación para los líderes de la empresa, la iglesia, y las organizaciones sin fines de lucro, pero la pandemia ha acelerado el problema.

Lucy McBride, médico de cuidados primarios de Washington, D.C., observa:

> El COVID-19 básicamente ha vertido un fluido encendedor sobre un fuego preexistente. Ya teníamos enfermedades de desesperación a niveles muy altos en términos de adicción, depresión, trauma, ansiedad, aislamiento, soledad, y muchas más. La pandemia solo ha intensificado los retos de salud mental preexistentes. Y muchas personas se están viendo forzadas a evaluar por primera vez su salud mental.[10]

A cada lugar donde acudimos, nuestras vidas han sido afectadas por el virus. Cuando nos aislamos, estamos haciendo lo que aconsejan los expertos, pero nos perdemos la interacción social, que es el aceite y el combustible de una vida significativa. Cuando nos arriesgamos, nos preguntamos si estamos exponiendo a otros a la enfermedad... o si nos están infectando a nosotros con cada respiración. La incertidumbre es una mentalidad y un estilo de vida corrosivos. La doctora McBride destaca: "El trauma es la reacción por sentirnos inseguros. Estamos hechos para la seguridad, y con un virus invisible, extendido y potencialmente letal en circulación, simplemente no nos sentimos seguros. Como resultado, la gente está luchando con el temor, la vulnerabilidad, la preocupación, la depresión, y a menudo adopta conductas para paralizar estos sentimientos incómodos".[11]

CUANDO NOS AISLAMOS, ESTAMOS HACIENDO LO QUE ACONSEJAN LOS EXPERTOS, PERO NOS PERDEMOS LA INTERACCIÓN SOCIAL, QUE ES EL ACEITE Y EL COMBUSTIBLE DE UNA VIDA SIGNIFICATIVA.

En los primeros meses de la pandemia, relativamente pocas personas verdaderamente conocían a alguien que hubiera contraído la enfermedad, pero al terminar de escribir este libro, más de tres de cada cuatro personas conocen a alguien a quien le han diagnosticado la enfermedad. Según la Organización Mundial de la Salud, al 14 de julio de 2021, más de 187 millones de personas han tenido el virus, y cuatro millones han muerto a causa de él. Estos no son solo números. Cada uno representa un pozo profundo de preocupación, dolor y tristeza, emociones que son totalmente normales, pero que, cuando se vuelven condiciones crónicas, erosionan nuestra capacidad para lidiar con las dificultades. La ironía es que, cuando más ayuda necesitan las personas, a menudo es cuando se sienten tan abrumadas que no tienen la energía para encontrar un médico o un consejero. Las personas en comunidades remotas o pobres están especialmente limitadas en su capacidad de encontrar recursos de salud mental.

UN PUNTO DE INFLEXIÓN

Las crisis crean caos, pero también ofrecen oportunidades para que los líderes sean creativos y compasivos. La pandemia es un punto de inflexión: el modo en que eran las cosas no es el modo en que serán. El sistema de salud está muy presionado, y los que trabajan en este sector están totalmente agotados, pero hemos aprendido a apreciarlos más que nunca.

Después de la devastadora pandemia de la Gripe Española hace un siglo, se motivó a los funcionarios municipales a construir sistemas de agua y alcantarillado, y los servicios de cuidado de la salud se multiplicaron. Tras los ataques terroristas del 11 de septiembre de 2001, miles de personas se sintieron impulsadas a alistarse en el Ejército para proteger nuestro país. Hoy, la pandemia del COVID-19 quizá inspire a muchos a convertirse en cuidadores de la salud y se alisten en otras carreras de primera línea porque quieren seguir el ejemplo de quienes trabajan actualmente en esos sectores. En cada nivel de gobierno, empresas y la Iglesia, los líderes se apresuran para averiguar cómo suplir necesidades desesperadas y establecer nuevos sistemas que perduren en el futuro.

Rita McGrath es la autora de *Seeing Around Corners* (Viendo lo por venir), quien usa un marco visionario para anticipar el cambio en el futuro. En un artículo sobre la pandemia, ella se imagina dos escenarios posibles. En el primero, los líderes de gobierno y las empresas regresan lo más rápido posible a "la empresa como era habitual" y no aprenden lecciones del trastorno económico y cultural que hemos soportado. Si eso sucede, la inseguridad económica aumentará para las personas que están en la mitad inferior del espectro del salario, la pobreza se disparará, y la inestabilidad política aumentará. Las estructuras sociales, como la Iglesia, organizaciones sin fines de lucro y los programas de gobierno para los pobres se estirarán hasta el punto de romperse, y se acelerará la inquietud.

Un segundo escenario supone que los líderes prestarán atención a las raíces de la desigualdad y se darán cuenta de que la pandemia solo acentuó un problema ya existente. Pero en este caso, McGrath visualiza líderes que tienen la sabiduría y la valentía de hacer cambios atrevidos, de cuidar más de la gente que de las ganancias, y de lanzar iniciativas en toda la sociedad para elevar el estándar de vida para los marginados. Ella sugiere que ya hay algún movimiento hacia el segundo escenario, más optimista, pero existe una oposición feroz. Los ejecutivos empresariales, políticos, y otros oficiales del gobierno, y también los líderes de la Iglesia tienen que tomar una decisión: meter la cabeza en la arena y esperar a que las cosas vuelvan a la normalidad, o aprovechar el momento, transformar estructuras, y liderar a sus organizaciones hacia un futuro mucho mejor. Ella concluye: "Aunque estas no son predicciones sobre lo que probablemente va a suceder (el mundo es demasiado incierto para predecir con confianza), está claro que estamos en medio de algún tipo de punto de inflexión. Vamos a hacer preguntas sobre muchas de las suposiciones que dábamos por sentadas".[12]

AL MARGEN DE DÓNDE Y A QUIÉN LIDERES, ESTÁS EN MEDIO DE UN PUNTO DE INFLEXIÓN DE CAMBIO DE LA SOCIEDAD.

Al margen de dónde y a quién lideres, estás en medio de un punto de inflexión de cambio de la sociedad. La pandemia ha sacado a la luz problemas que llevaban ahí desde hace mucho tiempo, pero ahora son mucho más evidentes. Para usar una analogía geográfica, la mayoría hemos supuesto que el cambio era como la erosión gradual de la orilla de un río que necesita tiempo para redirigir el canal. Pero esto no es así. Es más como dos placas tectónicas que han estado colisionando entre sí por mucho tiempo, acumulando presión, y la pandemia liberó un terremoto que ha sacudido nuestras suposiciones previas. Un amigo que estaba en Pasadena, California, la noche del terremoto Northridge de magnitud 6.7 el día 17 de enero de 1994, me dijo que el temblor era aterrador y que las réplicas eran perturbadoras, pero las personas de la zona tardaron meses en ajustarse a la "siguiente normalidad".

Los tres cambios masivos que hemos experimentado son como tres terremotos simultáneos. ¿Estaremos a la altura del desafío y aprenderemos nuevas formas de liderar y amar a los que han sufrido el temblor?

En el resto del libro examinaremos siete factores organizacionales importantes que se han visto afectados por las formas en las que ha cambiado el cambio, lo que incluye el ritmo, las personas, el proceso, los programas, la proclamación, la preparación y el cuidado personal.

PARA RECORDAR

- Tu ecosistema ha cambiado, tú has cambiado, y la gente que lideras ha cambiado.
- Tenemos que aprender a practicar la "consciencia plena" para poder confeccionar nuestra comunicación para cada momento.
- Estamos en un punto de inflexión, y cada uno tiene que decidir si va a regresar a como solían ser las cosas, o a usar la disrupción para instaurar cambios valientes.

PARA PENSAR

1. ¿Cuáles son algunas formas en las que la pandemia y sus secuelas han cambiado tu entorno? ¿Cómo has respondido a estos cambios? ¿Qué desearías haber hecho? ¿Qué has hecho que tendrá un impacto positivo y duradero? ¿Qué tienes que hacer ahora mismo?

2. Mírate en el espejo. ¿Cómo ha cambiado la pandemia tus pensamientos, actitudes, estado de ánimo y expectativas? ¿Cuántos de esos cambios se han arraigado y normalizado para ti?

3. ¿Cómo ha afectado esta difícil etapa a tu cónyuge, hijos, familiares, equipo, y otras personas a quienes lideras?

4. ¿Qué diferencia marca (o marcará) practicar la "consciencia plena" mientras ajustas cómo te comunicas con tu familia, con tu equipo y con tu organización?

5. De los dos escenarios del futuro, ¿qué tiene que ocurrir en ti y a través de ti para usar el punto de inflexión y comenzar iniciativas atrevidas?

3

EL RITMO DEL CAMBIO

En una crisis, no te escondas detrás de nada ni de nadie. Igualmente te encontrarán.
—Bear Bryant, exentrenador de fútbol de la Universidad de Alabama

El líder de una gran organización llamó para pedirme consejo. Me explicó que estaba ante una gran decisión que tendría un impacto drástico, y tenía que tomarla rápidamente. Después de explicarme las distintas opciones, le pregunté: "Dime, ¿cuáles son los protocolos que normalmente utilizan para hacer cambios sustanciales como este?".

Escuché un gran suspiro al otro lado del teléfono, y después respondió: "Sam, no tomamos decisiones así hasta que hemos examinado exhaustivamente las distintas opciones. Tenemos reuniones de liderazgo y grupos de enfoque. Consulto a expertos como tú. Leemos libros y artículos, e intentamos reducir las opciones. Cuando nos quedamos con dos o tres, las estudiamos para visualizar el impacto, positivo y negativo, de cada una. Realizamos una proforma para nuestra inversión de liderazgo, finanzas, espacio, equipo de personal y otros recursos. Trabajo mucho para formar un consenso entre todos los que tomarán la decisión, escucho a cada uno para que todos se sientan escuchados. Después de todo eso, tomo la decisión".

Le pregunté: "¿Cómo definirías los elementos esenciales de todo este proceso?".

Él pensó en ello unos segundos, y después bosquejó cinco componentes principales de su proceso habitual de toma de decisiones.

Después le hice la pregunta crítica: "¿Cuándo tienes que tomar esta decisión?".

Casi podía oírlo tragar. "Al final de este día".

"Muy bien", respondí. "¿Cuántos de los cinco puedes encajar en tu espacio de tiempo para tomar la decisión al final de tu día de trabajo de hoy?".

Tras unos segundos para que hiciera un rápido análisis, me dijo: "Dos".

"De acuerdo". Intenté reafirmarlo queriendo sonar optimista. "Úsalos y toma la mejor decisión que puedas. No puedes hacer más que eso".

No estoy seguro de qué es lo que quería oír, pero parecía un poco más confiado cuando terminamos nuestra conversación. Conversaciones como esta se han repetido cientos de miles, si no millones de veces, en organizaciones durante la pandemia. Decisiones que hubieran tomado meses de cuidadoso análisis y acuerdo de consenso se comprimieron en horas... y a veces en minutos. Anteriormente, los líderes tenían el lujo de pilotar barcos de guerra organizacionales o cruceros, y podían tomar mucho tiempo para hacer un viraje. De repente, ¡vieron que estaban en una lancha!

Los confinamientos forzaron a los líderes de empresas, escuelas e iglesias a tomar decisiones muy rápidas. Las empresas tuvieron que analizar rápidamente si podían vender productos en el Internet y cuántos empleados podían mantener. No tenían ni idea de si el cambio duraría unos días o un año, pero tuvieron que considerar las implicaciones a largo plazo de cada decisión rápida.

Las iglesias que previamente habían jugado con las reuniones en línea tuvieron solo días para unir todas las piezas, redoblar su programa de producción, asegurarse de que su proveedor del servicio tenía la suficiente banda ancha, y comunicar a sus congregaciones que podían adorar vía Internet al siguiente domingo. Los pastores tuvieron que decidir quién podía trabajar desde casa y quién, si había alguien, tenía que ir a la oficina. Tuvieron que tomar decisiones al momento sobre cómo oficiar funerales, bodas y bautismos; cómo dar el cuidado pastoral y la consejería a los que lo necesitaban; y cómo animar a la gente a seguir ofrendando cuando no asistían a las reuniones.

Después, cuando se levantaron las restricciones, el mismo torbellino de decisiones tuvo que tomarse a la inversa, con la paralizante revelación de que todo podría ser temporal hasta la siguiente ola. Además, muchas organizaciones tuvieron que tomar decisiones más drásticas de cerrar porque un brote entre el equipo exigía una cuarentena de diez o catorce días.

MUY POCAS ORGANIZACIONES SE HAN ESCAPADO DE LA DEMANDA DE UN CAMBIO RÁPIDO.

IMPROPIO

Muy pocas organizaciones se han escapado de la demanda de un cambio rápido. Yo solía ser el presidente de una universidad, y he conversado sobre sus desafíos con personas que actualmente están en puestos similares. En cuanto se produjeron los confinamientos, se vieron obligados a dar las clases en línea. Sus bibliotecas estaban cerradas, así que los estudiantes intentaban encontrar suficientes recursos en el Internet para sus tareas. Prácticamente toda universidad tiene algún tipo de programa en línea, pero los profesores que se habían aferrado a las clases presenciales tenían muy poco entrenamiento en la enseñanza vía Internet. Antes de la pandemia, uno de cada cinco de sus profesores enseñaba clases en línea; de repente, todos lo hicieron. De forma predecible, unos pocos se adaptaron muy bien, pero muchos se sentían confusos con la tecnología y la rareza de mirar a los estudiantes en pequeñas cajitas en la pantalla. No entendían cómo funcionaban los programas, no sabían cómo afectaba la iluminación a su presentación, y les costaba convertir las hojas a formato PDF para poder enviar notas a los estudiantes. Este tipo de cambio rápido es totalmente impropio para las instituciones académicas.

Cuando yo lideraba la universidad, si quería hacer un gran cambio en las clases en línea, primero tenía que pedirle a mi equipo de Tecnología de la Computación que hiciera un estudio y me lo presentara con sus recomendaciones. Yo afinaba sus sugerencias con base en mi análisis de nuestro profesorado y sus cursos, y después les presentaba las ideas. Si sabes algo sobre profesores y administradores universitarios, sabrás que no son personas que toman riesgos a la ligera. Quieren hacer estudio tras estudio y después debatir los hallazgos hasta la saciedad. Aun así, eran muy reticentes a tomar cualquier decisión que revolviera mucho las cosas. Si, de hecho, llegábamos a la conclusión de que debíamos avanzar, todos los profesores tenían que entregar un programa de sus cursos. Cuando teníamos todo esto, yo contactaba con nuestras agencias estatales de regulación y cuerpos de acreditación para la aprobación. Tenía que coordinar agencias que aportaban subvenciones y préstamos para que los estudiantes estuvieran seguros de que los fondos cubrían los cursos en el Internet, y contactaba con el Departamento de Seguridad Nacional para asegurarme de que los visados de los estudiantes internacionales no se verían afectados de forma negativa con el cambio a las clases en línea. Todo esto tardaba al menos un año y probablemente más, y si todo funcionaba bien, teníamos algunas preguntas difíciles que responder: ¿Cuánto cobraremos a los estudiantes? ¿Tendremos que cobrar menos porque no vienen al campus? Si cobráramos menos, ¿afectará eso al presupuesto de la escuela? Y si no cobráramos menos, ¿cuántos estudiantes se darían de baja?

Por supuesto, hay decenas de preguntas cruciales y pasos importantes, pero estas te dan una idea del ritmo normal del cambio en una institución académica. Cuando presidentes de universidades recibieron la llamada diciendo que todas las instituciones académicas tenían que cerrar, este cuidadoso proceso que duraba un año se condensó en unos días. No tenían tiempo de juntar a miembros del consejo para consultar, y no tenían tiempo para reunirse con los donantes, exalumnos clave, el senado facultativo, o los líderes del gobierno estudiantil, para asegurarse de que estaban de acuerdo con la nueva dirección.

Para complicar aún más las cosas, las universidades tienen contratos con cada miembro de la facultad. Si los profesores no quieren enseñar clases a través de Internet, la rescisión podía terminar en demandas.

¡AHORA MISMO!

Cada líder tiene una historia que contar. Por ejemplo:

- Una empresa de cuidado de la salud que confiaba en grandes conferencias para conectar con clientes nuevos y existentes, tuvo que encontrar otra manera de seguir siendo relevante. Con un solo anuncio de los Centros de Control y Prevención de Enfermedades (CDC), su modelo de negocio fue eliminado. Como respuesta, trazaron una nueva estrategia en solo dos días, creando un servicio que identificaba los brotes de COVID-19 para informar a los doctores y otros proveedores de cuidado de la salud e implementarlo de inmediato.
- Una empresa que organizaba garajes, armarios y cocinas de repente no podía ir a casa de nadie. Rápidamente crearon un servicio de organización virtual con un empleado muy cordial para acompañar a los clientes en el proceso de deshacerse del desorden y resolver el problema del caos en las casas.
- Una compañía de producción teatral que trabajaba con escuelas públicas, de repente se vio sin oportunidades de estar presencialmente con maestros y jóvenes actores. La empresa planeó de inmediato un nuevo plan de trabajo para tener clases en el Internet para los maestros y mostrarles cómo enseñar teatro a sus estudiantes en línea.
- Una panadería que solo había hecho intentos de entregas a domicilio amplió rápidamente su página web y contrató

a más personas para repartir sus productos. De hecho, su servicio de entrega demostró ser tan exitoso, que se asoció con otras empresas para entregar también sus productos, pero en lugar de usar esto como un flujo adicional de ingresos, ofreció este servicio de manera gratuita a propietarios de otras empresas.

- Un fabricante de ropa remodeló por completo sus operaciones cuando escuchó reportes de que los profesionales de la salud estaban trabajando sin equipo de protección personal como máscaras y gorros. Rápidamente cambió de dirección para producir dos millones de mascarillas lavables por semana.[13]
- Los restaurantes cambiaron rápidamente sus pedidos a domicilio para poder mantenerse a flote y no despedir a sus empleados.
- Los médicos estuvieron en un extraño aprieto. A medida que aumentaban las infecciones, querían mantener fuera de sus consultas a las personas contagiosas, pero seguían necesitando ver a sus pacientes. Algunos habían intentado previamente la telemedicina, pero de la noche a la mañana, los doctores en todo el país tuvieron que adaptarse a la nueva forma de ver a las personas. En una llamada, una persona podía tomarse la temperatura y comunicar su peso al doctor, pero pocas personas tienen monitores de tensión arterial, monitores cardiacos, o maneras de ver los niveles de oxígeno en sangre. Aun así, los doctores encontraron formas de proveer un cuidado de calidad

en un entorno demandante, aprendiendo rápidamente a hacer preguntas más específicas, preguntas detalladas para poder diagnosticar y tratar a las personas cuando no podían usar un estetoscopio, un depresor de lengua o un monitor cardiaco.

Para cada empresa, iglesia y organización sin fines de lucro, la velocidad era esencial. En un abrir y cerrar de ojos, un análisis cuidadoso, sopesar opciones, recaudar información, y hacer que los líderes se pusieran de acuerdo en el curso de acción se convirtió en un lujo que no se podían permitir. El ritmo del cambio se había acelerado ¡a la velocidad de la luz! Estos líderes han demostrado que no tienen límites en su creatividad durante una crisis.

CON HILOS

Los líderes han sido como marionetas bailando con hilos mientras reaccionaban a los requisitos nacionales, estatales y locales, que podían ser contradictorios y que casi con seguridad serían temporales. En el furor de la pandemia, necesitábamos hojas de cálculo para determinar si nuestras organizaciones podían abrir, qué porcentaje de ocupación tendríamos, si las mascarillas serían obligatorias u opcionales, y cómo responder a brotes localizados con cuarentenas. Los brotes nacionales y estatales trajeron asesores de gobernadores y alcaldes, forzaron a los líderes de las organizaciones a bailar cada vez que se tiraba de un hilo, ¡algo que podía ser cada día! Y una cosa es cierta: cada decisión que tomaba un líder era aceptada por unos y resistida ferozmente por otros.

Y UNA COSA ES CIERTA: CADA DECISIÓN QUE TOMABA UN LÍDER ERA ACEPTADA POR UNOS Y RESISTIDA FEROZMENTE POR OTROS.

Las reacciones de personas en las organizaciones tienen más hilos sobre los líderes. Es fácil verse atrapado intentando aplacar a algunos a riesgo de ofender a otros. Y si avanzamos para calmar los sentimientos de quienes se han ofendido, los que al principio estaban felices con nosotros se sienten traicionados y se convierten en adversarios.

Los mensajes públicos han estado mezclados sin duda alguna. En los Estados Unidos, los Centros de Control y Prevención guían, pero los estados tienen la autoridad sobre la salud pública de sus ciudadanos. Algunos estados ordenaron confinamientos obligatorios, mientras que sus ciudadanos veían reportes de personas que iban a bares y restaurantes en otros estados. ¡No parecía justo! Los gobernadores intentaban hacer cumplir las órdenes de quedarse en casa, mientras que algunos oficiales federales animaban a la gente a salir, a ir a trabajar y a disfrutar su vida. Las cortes se involucraron, a veces anulando las órdenes de un gobernador. Los agotados trabajadores de la salud rogaban a las personas que usaran medidas de protección para contener la expansión del virus, pero muchos blogs y publicaciones afirmaban que el virus no era peor que la gripe estacional.

En un clásico caso de confusión, a medida que los números de la enfermedad se dispararon en el otoño de 2020, la ciudad de Nueva York intentó contener la expansión, pero los esfuerzos del alcalde Bill de Blasio y el gobernador Andrew Cuomo produjeron "caos, confusión y tensión" cuando las emociones "explotaron por las restricciones de cerrar las escuelas y los negocios, y limitar en gran medida la asistencia a los lugares de adoración". Los dos líderes dieron "mapas de puntos neurálgicos rivales" que mostraban distintos niveles de restricciones, pero "escuelas y negocios que tenían que cerrar estaban en un mapa y no estaban en el otro". Organizaciones judías y católicas presentaron demandas para detener las restricciones en la adoración.[14] No es de extrañar que los líderes y las personas en cada sector de la ciudad dirigieran su enojo al gobernador y al alcalde. Eso es lo que ocurre cuando las soluciones rápidas no se comunican con claridad.

MÁS QUE NUNCA, LOS LÍDERES TIENEN QUE PENSAR Y ACTUAR RÁPIDAMENTE PARA COMUNICARSE CON CLARIDAD, CONFIANZA Y AMABILIDAD CON CADA PERSONA ASOCIADA A LA ORGANIZACIÓN.

Más que nunca, los líderes tienen que pensar y actuar rápidamente para comunicarse con claridad, confianza y amabilidad con cada persona asociada a la organización. La urgencia de la toma de decisiones puede declinar tras la pandemia, pero las lecciones que aprendimos durante la crisis nos ayudarán a tomar buenas decisiones más rápidamente en el futuro. Eso es lo que la gente espera de nosotros, y la expectativa es una realidad.

PARA RECORDAR

- En una crisis, los líderes tienen que ser los pilotos de lanchas motoras, no de buques de guerra.
- Es mejor tomar una decisión rápida que tenga algunas grietas, que evitar tomar una decisión.
- La velocidad hay que combinarla con el optimismo y la creatividad.

PARA PENSAR

1. Antes de la pandemia, ¿cuáles eran los protocolos que tú y tu organización solían realizar para tomar decisiones importantes? Piensa en uno. ¿Cuánto tiempo les tomaba? ¿Avanzaban rápidamente o con reticencia?

2. Durante la pandemia, ¿cómo cambió para ti el ritmo de la toma de decisiones? Describe una que tuviste que tomar rápidamente.

3. Algunos líderes son muy intuitivos. Toman decisiones conforme a "sentimientos" o de acuerdo con la información. Pero otros valoran la información detallada y no se sienten cómodos tomando decisiones apresuradamente. ¿Cuál de los dos eres tú? ¿Cuál diría tu equipo que eres? Explica tu respuesta.

4. ¿Qué lecciones aprendiste entonces y que sigues aplicando ahora?

4

PERSONAS DE CAMBIO

Estamos, o estaremos, pasando por la transformación
más radical que haya conocido jamás el mundo;
las personas están legítimamente aterradas,
entusiasmadas, deprimidas, desconsoladas y
esperanzadas, todo al mismo tiempo.
—Heahter Marsh, autora de *Binding Chaos*

Antes de la pandemia, quienes tomaban las decisiones en las organizaciones eran entre seis y diez personas de alto nivel: el CEO, presidente o pastor principal, así como los vicepresidentes o el equipo ejecutivo. Los que trabajaban en Tecnología de la Computación, mercadotecnia, audiovisuales y servicio al cliente estaban muy lejos en la gráfica organizacional. Las decisiones se sacaban adelante en la reunión de ejecutivos de primer nivel, y a todos los demás se les decía qué hacer para conseguir marcas y alcanzar las metas corporativas. A medida que las instrucciones se comunicaban por la cadena de mando, los buenos líderes pedían retroalimentación y ajustaban los planes, pero la cadena de mando no cambiaba.

Eso era ayer. Hoy es distinto.

Un CEO me dijo que, cuando llegó el primer brote y se produjo el confinamiento, se dio cuenta de inmediato de que necesitaba personas con habilidades muy distintas. Las personas de su equipo ejecutivo estaban demasiado obsoletas porque, como vimos antes, el arduo proceso de análisis se fue por la ventana a toda prisa. Pero ocurrió algo más que fue tan drástico como sorprendente: personas que habían estado trabajando en el anonimato, de repente se convirtieron en absolutamente esenciales. Él ya no necesitaba las habilidades de los altos gerentes, sino que necesitaba con desesperación personas que pudieran cambiar al instante el plan de empresa e implementar una nueva estrategia. El encargado de computación, con cabello largo y tejanos con agujeros, podía resolver el problema de comunicación con personas que ya no podían entrar por las puertas del negocio. La mujer que ninguno del equipo ejecutivo sabía cómo se llamaba porque estaba detrás de la cámara en el departamento de mercadotecnia se volvió imprescindible para llevar la cara y la voz del líder a personas que estaban confundidas y necesitaban dirección. La sala más importante de la organización ya no era la sala de los ejecutivos, sino la otra parte del edificio donde trabajaba la gente creativa haciendo su magia.

El equipo ejecutivo no tenía respuestas para los problemas apremiantes e inmediatos, pero el equipo de computación sí. Ellos habían estado soñando con probar nuevas ideas, actualizar su red, usar distintas plataformas y hacer más ruido, ¡y esto era lo que habían estado esperando! No fue muy difícil para ellos prepararse, acelerar el desarrollo de sistemas, y sintonizar con la experiencia de un equipo que había sido subestimado e infrautilizado.

LA URGENCIA DEL CAMBIO EN LA PANDEMIA PUSO PATAS ARRIBA LA GRÁFICA ORGANIZACIONAL.

Para este líder e innumerables más, la urgencia del cambio en la pandemia puso patas arriba la gráfica organizacional. El equipo del líder era muy distinto ahora; necesitaba la competencia de un nuevo grupo de personas. Los nombres en las puertas y los cuadros en el organigrama formal de la organización quizá no han cambiado, pero las personas a las que acudir eran otras, y la primera parada del líder cada mañana era en el vestíbulo de las oficinas de Tecnología de la Computación.

A este CEO no le importaba el aspecto de la gráfica organizacional; tan solo necesitaba sacar el trabajo adelante, hacerlo bien, ¡y hacerlo ahora! Cuando una de las personas de su equipo ejecutivo se quejó, el CEO le hizo saber que la tierra había temblado bajo sus pies y que era mejor que se acostumbrara a ello.

En un informe oficial de la Universidad Ryerson sobre el manejo del cambio, los autores insisten en que la selección de un nuevo equipo de liderazgo es una de las tareas más importantes para un CEO, presidente o pastor: "Es importante poner a trabajar a las personas que están plenamente comprometidas con la iniciativa del cambio, que son respetadas en la organización, y que tienen el poder y la influencia para dirigir el esfuerzo del cambio en sus niveles".[15]

Obviamente, algunos de los miembros de los equipos anteriores quizá se descalifican a sí mismos por su resistencia o falta del entusiasmo suficiente para la nueva visión. Además, sus talentos quizá ya no encajan bien con las nuevas estrategias y tecnologías. Los líderes que no estén dispuestos a tomar decisiones difíciles sobre la construcción de un nuevo equipo e intenten dar a todas las personas, antiguas y nuevas la misma autoridad, corren el riesgo de crear un equipo de liderazgo difícil de manejar, complejo y fragmentado, ¡y eso nunca trae consigo nada bueno!

A menudo les digo a los líderes: "Mantengan sus ojos abiertos para ver a las personas que están aportándoles soluciones eficaces a sus verdaderos problemas. Ellos son los que llevarán su organización al futuro. No miren cuál es su puesto de trabajo en sus reportes de Recursos Humanos. Quizá eran importantes antes, pero ya no. En cambio, busquen personas que sean creativas, optimistas y eficaces, que inviertan tiempo en escucharles".

UNA CRISIS NO CREA CARÁCTER Y TALENTO, SINO QUE REVELA LO QUE SIEMPRE HA ESTADO AHÍ.

LA APARIENCIA

Una crisis no crea carácter y talento, sino que revela lo que siempre ha estado ahí. Cuando la apariencia de normalidad desaparece, vemos de lo que realmente están hechas las personas. A veces, son exactamente lo que creíamos que eran, pero a menudo nos sorprendemos. Personas que parecían fuertes sucumben ante la presión, y los que quizá pasábamos por alto se convierten en guerreros de nuestra causa.

Yo animo a los líderes a tomar nota de las personas que se desempeñan de formas ejemplares a la hora de la verdad durante una crisis para que puedan ocurrir dos cosas: el líder puede recompensarlos, y ubicarlos en lugares donde puedan seguir contribuyendo con su conocimiento y experiencia única después de que haya disminuido la presión.

En verdad, relacionarse con estas personas quizá requiera un enfoque distinto por nuestra parte. Si hemos sido líderes visionarios y extrovertidos, nuestro estilo probablemente funcionó bien en tiempos de normalidad, pero durante las crisis tenemos que cambiar a un modo distinto. En lugar de mandar primero y escuchar después (si escuchamos), la capacidad de sintonizar con las habilidades de personas que normalmente no están en tu equipo exige el talento de hacer grandes preguntas, escuchar con atención, y hacer preguntas de seguimiento para conseguir más participación y detalles. En un artículo de *Fast Company,* Krister Ungerböck explica:

> En las crisis, muchos líderes escuchan menos porque creen que se necesita acción inmediata. Por lo general, están actuando con la mentalidad de que usar técnicas asociadas con la extroversión es la única manera de avanzar. Por desgracia, esos líderes a menudo olvidan que los empleados, las personas que realmente están pasando a la acción, son clave para navegar por los desafíos... Cuando adopté una filosofía de "primero las preguntas", mis capacidades de liderazgo evolucionaron de inmediato. Solía pasar mucho tiempo buscando soluciones yo solo antes de las reuniones, pero liderar con preguntas me costaba menos esfuerzo que liderar con respuestas. Pasaba menos tiempo preparándome y más tiempo respondiendo. La técnica me quitó la responsabilidad de encima, lo cual me ayudó a posicionarme más como un oyente y me dejaba sintiéndome menos vacío. Hacer preguntas ayuda a otros a resolver colectivamente los problemas. Cuando las personas hacen sesiones creativas de ideas,

es más probable que pasen a la acción sin coerción ni recordatorios.[16]

Puede parecer contraproducente escuchar más en un tiempo de crisis, pero el punto es escuchar a las personas correctas, a los que tienen la capacidad de resolver problemas urgentes que parecen haber salido de la nada.

TRAS BASTIDORES

El otro lado de la ecuación es que, en tiempos de crisis, grietas que había antes en las relaciones a menudo se convierten en grandes agujeros. Un reporte reveló que los divorcios estaban descendiendo durante la pandemia, pero no porque las parejas se amaran y se perdonaran más, sino porque los juzgados estaban cerrados o llenos de casos. Cuando la pandemia termine, los expertos esperan una avalancha de divorcios.

Cuando muchos restaurantes, negocios y escuelas cerraron, millones de trabajadores fueron despedidos, les dieron licencia de ausentarse, o les dijeron que trabajaran desde casa. Las líneas de abuso doméstico se prepararon para un aumento en la demanda porque los cónyuges y los hijos no tenían la seguridad de tener la violencia de sus familiares lejos del hogar la mayor parte del día. Sin embargo, se sorprendieron cuando el volumen de llamadas descendió. La razón, concluyen los expertos, fue que las víctimas no podían conectarse con seguridad con los servicios.

La alteración económica también contribuye al abuso del cónyuge. En un artículo titulado "A Pandemic within a Pandemic" (Una pandemia dentro de una pandemia), *The New England Journal of Medicine* reporta:

> La independencia económica es un factor crítico en la prevención de la violencia. Para muchas personas que experimentan [violencia de un compañero íntimo], el enredo económico con un compañero abusivo es demasiado complicado de cortar sin tener una fuente alternativa de apoyo económico. La pandemia ha exacerbado el enredo económico causando un aumento en la pérdida de trabajo y desempleo, particularmente entre mujeres afroamericanas, inmigrantes, y trabajadores sin estudios universitarios.[17]

Los mismos factores se toman en cuenta para un aumento en el abuso y maltrato infantil. A veces, el dolor emocional es inevitable cuando las familias sufren enfermedad y muerte, dificultades económicas por la pérdida del empleo, y la preocupación de unos padres que intentan llegar a fin de mes. Pero, con demasiada frecuencia, el daño es el resultado de unos padres que están estresados más allá de cualquier límite, y el estrés es multidimensional. Incluye un mal control del impulso en la crianza de los hijos, conflicto matrimonial, aumento de consumo de sustancias, crisis económica por estar sin empleo, y un aumento general en la tensión que es el producto de algunos o todos estos factores. Durante este tiempo, el aislamiento social reduce la disponibilidad de fuentes valiosas, por lo que el abuso y el descuido de los niños no se reporta ni se trata.

El *BC Medical Journal* reporta:

> Se ha producido una alteración extendida de las comunidades y servicios que por lo general apoyan a los niños y a las familias durante tiempos de estrés. La distancia física y social fomenta el aislamiento e interrumpe rutinas, y puede limitar el acceso a los familiares y a otras redes comunitarias de apoyo. A los trabajadores sociales, junto a otros profesionales de la salud, se les ha aconsejado que minimicen los servicios no esenciales que conllevan un contacto directo con familias.[18]

En un deseo de escapar del estrés, más personas están acudiendo a sustancias que les den alivio. Una encuesta a mil adultos reveló un alarmante 55% de aumento en el consumo de alcohol durante la pandemia, y un 36% de aumento de consumo de drogas ilícitas. Estas personas identificaron su motivación principalmente como intentos de reducir el estrés (53%), aliviar el aburrimiento (39%), y lidiar con una enfermedad mental existente, principalmente ansiedad y depresión (32%). Una psiquiatra del Baptist Health South Florida, Rachel V. F. Rohaidy, observa: "Nuestros números están aumentado, nuevos pacientes con problemas de consumo de alcohol y pacientes establecidos con un resurgimiento de su consumo de alcohol".[19]

El cierre de escuelas, así como el paso de aprender vía Internet, pueden funcionar bien en la educación de adultos, a juzgar por los muchos grados en línea que se ofrecen para los que están trabajando y buscando un título académico. Sin embargo, a los niños no les va tan bien.

Una encuesta de RAND Corporation reveló que dos tercios de los maestros reportan que más de la mitad de sus alumnos se están rezagando académicamente; el 56 por ciento de los maestros dicen que solo cubren la mitad o menos de la mitad del currículo que enseñaban presencialmente; y los estudiantes de comunidades desfavorecidas tienen menos acceso a computadoras y al Internet, además de que se están perdiendo comidas gratis o de precio reducido, por lo que el hambre es una distracción mientras intentan aprender. Todo esto supone un gran estrés para los maestros. Tienen que enseñar en un entorno extraño para ellos y sus alumnos, y la posibilidad de regresar a las aulas presenciales suscita preocupaciones por su salud. Hasta un 84% dijeron que tienen preocupaciones graves o moderadas por contagiarse del virus y llevárselo a sus casas a sus propias familias.[20] Cuando las escuelas abran y "vuelvan a la normalidad", los maestros descubrirán en qué medida sus alumnos se han rezagado. El retraso en el progreso probablemente será evidente en las vidas de los estudiantes durante varios años.

Durante los meses pasados, he oído decir que muchas personas expresan sufrimiento por no poder pasar tiempo con sus familiares, especialmente con sus padres ancianos y nietos.

Quizá vemos el aislamiento social como un dolor igual para todos, pero es más agudo en algunos sectores. Un amigo mío ha estado en comunicación con un preso del corredor de la muerte por varios años. La población carcelaria está con muy pocas posibilidades de crear una distancia social adecuada para limitar el riesgo de infecciones. Mi amigo recibió una carta de un preso describiendo meses de confinamientos y cuarentenas de los que dieron positivo. El preso escribió:

> Han pasado muchas cosas negativas por aquí. Se han producido varios suicidios, tipos lesionando a compañeros de celda, cosas así. Todos parecen estar al límite al tener que estar metidos en la celda tanto tiempo y no poder llamar a su familia, ni darse una ducha, ni tener su propia comida. Es realmente duro para todos, y solo está produciendo caos. ¡Parece que el mundo afuera de estas paredes se está volviendo loco!

QUIZÁ VEMOS EL AISLAMIENTO SOCIAL COMO UN DOLOR IGUAL PARA TODOS, PERO ES MÁS AGUDO EN ALGUNOS SECTORES.

Nos sentimos llamados a cuidar de los vulnerables (viudas, huérfanos, ancianos, pobres, hambrientos, desnudos y prisioneros), pero nuestra compasión choca con barreras que nos mantienen apartados. El aislamiento pesa sobre todos nosotros, y la ausencia o reducción de contacto social nos deja un hueco en nuestra sensación de bienestar. De vez en cuando, y quizá la mayor parte del tiempo, estamos nerviosos, irritables, cansados y apáticos. Mensajes contradictorios en las noticias y las redes sociales levantan nuestras sospechas, temor y enojo, así que gravitamos hacia cualquiera que afirme tener una respuesta definitiva ¡sobre cualquier cosa!

Es interesante que dos de los artículos que leí sobre este fenómeno se titulaban "La pandemia dentro de la pandemia". Los autores de estos dos artículos, y muchos otros expertos que pusieron otros títulos a sus investigaciones y reportes, predicen que la alteración relacional que está principalmente escondida durante los confinamientos saldrá a la luz cuando el virus esté bajo control. En otras palabras, solo estamos comenzando a ver el daño que se ha producido desde los primeros reportes de un nuevo virus procedente de China. Los líderes sabios anticipan estos problemas para que no les tome por sorpresa, y los líderes realmente brillantes consideran formas de ayudar a su gente cuando el velo del aislamiento desaparezca y los problemas se tornen más evidentes.

TODO ESTÁ EN LA SINAPSIS

No se necesita un psicólogo para darse cuenta de que las reacciones que hemos visto durante la pandemia encajan en categorías predecibles: algunos están enojados, desafiantes y se resisten; otros intentan escapar de su estrés automedicándose; y aún otros se sienten totalmente abrumados y sucumben bajo la pesada carga de confusión y angustia. Podemos identificar los factores obvios que crean reacciones para luchar, huir o paralizarse, pero en un nivel más fundamental, nuestros cerebros están programados para reaccionar de estas maneras. Charles Stone observa:

> Nuestro cerebro está programado para recoger las amenazas y posibilidades negativas a nuestro alrededor más que las positivas. Dos tercios de las células del cerebro en la parte "lucha o huye" de nuestro cerebro, la amígdala, están configuradas para recibir lo negativo. La respuesta inicial al cambio de la mayoría de las personas proviene de estos centros emocionales en lugar de provenir de sus centros de pensamiento.[21]

Queremos razonar con las personas, pero cuando su cerebro está en máxima alerta, sus emociones dictan sus respuestas. Desde los albores de la humanidad, hemos sobrevivido porque Dios nos ha hecho para producir un aluvión de poderosos químicos cerebrales cuando nos sentimos amenazados, y estos químicos nos permiten reaccionar con más rapidez. En este punto, muy pocos estamos amenazados por tigres dientes de sable, pero nuestra reacción a las noticias inquietantes es casi igual a las reacciones de nuestros antepasados. Y en el último año aproximadamente, la vorágine de mensajes negativos, confusos y contradictorios, combinada con la enfermedad y la muerte de personas que conocemos y amamos, ha cambiado nuestra amígdala, ¡poniéndola a toda máquina!

Todo cambio, incluso el que promete un futuro mejor, es inquietante, especialmente si se produce con rapidez. Operamos mejor cuando tenemos un relativo sentimiento de paz y seguridad, pero las pandemias, junto a la alteración económica, sacuden nuestro equilibrio.

Como líderes, nos sentimos exhaustos, así nuestra química cerebral produce neurotransmisores que nos hacen querer luchar, huir o paralizarnos. Las personas que viven bajo nuestro techo y la gente a la que lideramos están experimentando las mismas amenazas percibidas, y sus reacciones encajan en las mismas tres categorías. Si no tenemos cuidado, exacerbamos el nivel de amenaza mutuamente, y juntos entramos en una espiral de culpa, resentimiento y aun más aislamiento. Tenemos que encontrar una manera mejor de salir adelante.

CUIDAR... MÁS QUE NUNCA

Somos solucionadores de problemas. Somos personas "que hacen que suceda". Somos las rocas que se mantienen fuertes en medio de las olas en una tormenta. Sí, así es como queremos que nos vean en tiempos normales, pero quizá incluso más en medio de una crisis. Cuando las personas tienen miedo, necesitan algo de nosotros por encima de todo lo demás: empatía. Quieren estar seguras de que entendemos lo que están sintiendo, cómo piensan, y los temores que nublan su mente cada día. Y una cosa más: quieren saber que somos humanos y que experimentamos los mismos temores que ellos.

Permíteme ofrecerte estas sugerencias:

SÉ GENUINO

No tienes que contarle a tu gente todos tus temores y aflicciones, pero es sabio abrir la ventana de tu alma hasta cierto grado. Cuando se dan cuenta de que eres "uno de ellos", las defensas se vienen abajo, las expectativas son más realistas, y el entendimiento allana el camino en conversaciones sobre planificación e implementación.

NO JUZGUES

El tan utilizado versículo del Sermón del Monte de Jesús (ver Mateo 7:1) no significa que no se nos permite analizar personas y situaciones; significa que no les condenemos apresuradamente, en especial cuando sus márgenes emocionales han sido erosionados por temores y dudas durante la pandemia. En lugar de saltar a corregir el pensamiento y las reacciones de una persona, dedica tiempo a escuchar, escuchar de verdad, y afirmar el hecho de que todos estamos bajo mucha presión.

FLEXIBILIZA... PERO SOLO UN POCO

Tenemos que mostrar flexibilidad sin perder todo semblante de orden. Durante y después de la pandemia, la gente enfrenta demandas que están fuera del ámbito de lo normal. Muchos han estado trabajando desde casa al mismo tiempo que sus hijos están en la escuela de forma virtual... y los niños pequeños necesitan una supervisión continua. Además, los familiares enfermos demandan tiempo y atención, y si tus empleados no pueden ir al hospital para estar con ellos, sienten una carga añadida de tristeza además de sus preocupaciones.

La empatía es una habilidad blanda; una habilidad blanda esencial. Es importante para las personas que lideramos. En un artículo de *Forbes* titulado "Why Empathy Is Vital for Effective Leadeship, Especially in Times of Crisis" (Por qué la empatía es vital para un liderazgo eficaz, especialmente en tiempos de crisis), Kim Pope dice: "Las organizaciones con equipos de liderazgo carentes de empatía tienen elevados índices de sustitución de personal. A fin de cuentas, ¿quién quiere trabajar para una empresa que no entiende cómo te sientes y es incapaz de apoyar tus necesidades?". Ella reporta que el 82 por ciento de los empleados "pensarían en dejar su empleo para encontrar una organización con más empatía", y el 78 por ciento "trabajarían más horas para un jefe con más empatía".[22]

LA EMPATÍA ES UNA HABILIDAD BLANDA; UNA HABILIDAD BLANDA ESENCIAL. ES IMPORTANTE PARA LAS PERSONAS QUE LIDERAMOS.

Los empleados valoran a los líderes que se preocupan por ellos.

David Schwimmer, CEO de London Stock Exchange Group, dice: "Las personas esperan de mí un tipo distinto de liderazgo. En un entorno normal, se trata de liderazgo de empresas y de establecer una estrategia, así como de la cultura y las decisiones de las personas. En este entorno, se trata de ayudar a la gente a mantener la moral. Se trata de que las personas están siendo preparadas para lo que pueda venir en medio de la incertidumbre". Y Steve Collins, CEO de *AmerisourceBergen,* destaca: "Una de las cosas más inteligentes que hicimos la primera semana fue establecer una reunión diaria de gestión ejecutiva a las 5 de la tarde. Eso es importante desde el punto de vista de la toma de decisiones, pero es incluso más importante para tocar base y mostrar empatía. Ahora estamos en la casa de cada uno, tú ves mi estudio, y hemos conocido a las familias de los demás... Pregunté a todos aquellos que me reportan directamente: '¿Hay alguien que quiera que me acerque a alguien que está haciendo un buen trabajo, o a alguien que está batallando? ¿Quizá alguien que tiene un familiar con COVID-19?'. A veces, lo único que se necesita es una palabra de ánimo para mostrar que te interesas. Ha sido un gran regalo poder hacer eso por las personas de *AmerisourceBergen*".[23]

Mi consejo para todos nosotros es claro: ve y haz tú lo mismo.

EN MEDIO DE LAS DISTRACCIONES

De forma similar a los esfuerzos de limpieza después de un huracán, los meses y años después de la pandemia exigen que incorporemos nuevas perspectivas sobre el liderazgo, pero al mismo tiempo tenemos que retener lo que es más importante. A menudo nos preguntaremos: *¿Por dónde empiezo? ¿Qué es lo más importante? ¿Qué me está haciendo malgastar* *mi tiempo? ¿Qué necesita la gente de mí ahora, en este momento?* En la reorientación de la vida y el trabajo, mantengamos estas cosas en mente:

FORTALECE TU NÚCLEO

Tu equipo de liderazgo te necesita más que nunca. Haz menos suposiciones sobre su salud mental y emocional, y cuida de ellos de formas poderosas. Haz de la empatía algo "innegociable" en tu lista de prioridades.

MANTENTE ENFOCADO EN TU LLAMADO

En todo tipo de organización han cambiado muchas cosas, pero no el llamado principal. En las empresas, es servir a los clientes con integridad y calidad. En las iglesias, sigue siendo dirigir a las personas a tener un conocimiento salvador de Cristo y ayudarles a crecer en su fe. En las organizaciones sin fines de lucro, es dirigir recursos de la comunidad para cuidar de los desfavorecidos y servirles de formas que conecten con su corazón al proveerles servicios tangibles.

MANTÉN LA CALMA

Me temo que el puro esfuerzo personal por mantener todo bajo control no funciona muy bien para la vasta mayoría de nosotros (o para ninguno). Para experimentar paz en medio de fuertes olas, tenemos que encontrar una fuente de fuerza inconmovible, gozo y amor.

PROPORCIONA UNA DIRECCIÓN CLARA

En el caos de la tormenta y en la larga y laboriosa limpieza, nuestro papel como líderes es ser la voz que diga: "Estoy aquí. Estoy para ayudarles. Vengan conmigo". Puede que no tengamos todo resuelto, pero podemos dar a las personas bastante seguridad cuando les hacemos saber que estamos haciendo todo lo que podemos para encontrar el camino correcto a seguir.

Sí, la situación no es cómoda. Sí, tenemos nuestras propias preocupaciones y temores. Y sí, no estamos seguros de lo que vendrá después. Pero somos líderes, y los líderes lideran. Quizá tengamos que cavar más profundo que nunca, confiar en Dios para más sabiduría de la que hemos tenido nunca, y cuidar de manera más obvia de lo que nunca hubiéramos pensado. Y, si lo hacemos, las personas a las que lideramos no solo capearán el temporal, sino también absorberán valores y lecciones que podrán usar durante el resto de sus vidas.

PARA RECORDAR

- En una crisis, la gráfica organizacional quizá se ponga boca abajo.
- Hay una pandemia dentro de una pandemia.
- Más que nunca, los líderes necesitan encontrar la fuerza interior para demostrar empatía.

PARA PENSAR

1. Durante la pandemia, ¿en quién confiaste que quizá antes estaba en la periferia de tu organización? ¿Qué has apreciado de la contribución de estas personas? ¿Dónde estaría sin ellos tu negocio, iglesia u organización sin fines de lucro?

2. ¿Cómo has visto evidencia de "la pandemia dentro de la pandemia"? ¿Cuál de las estadísticas en esa parte del capítulo (si es que hay alguna) te sorprendió? ¿Qué harás para tratar esas heridas?

3. ¿Quién ha demostrado en tu organización una destacada empatía durante la lucha y la salida de la pandemia? ¿Qué has aprendido de esa persona o de esas personas?

4. ¿Qué pasos puedes dar ahora mismo para fortalecer tu núcleo (tu equipo), reforzar tu sentido de llamado, encontrar una fuente de paz para poder tener calma en medio de las distracciones y las presiones, y proporcionar una dirección clara para tu gente?

5

EL PROCESO DEL CAMBIO

Perder la cabeza en una crisis es una buena manera
de convertirte en una crisis.
—C. J. Redwine, autora de éxitos de ventas

EL CEO de una gran organización se reía cuando me contaba: "Sam, ahora mismo estoy intentando cambiar la correa del ventilador de mi automóvil, ¡mientras voy por la autopista a toda velocidad!". Me vio sonreír, así que probó con otra frase: "Estoy cosiendo el paracaídas, ¡después de haber saltado del avión!".

Yo sabía exactamente a qué se refería. El ritmo del cambio se ha acelerado, las personas están estresadas de muchas maneras distintas, y el proceso de toma de decisiones se gestiona mucho más por instinto y corazonadas educadas, porque la confusión y la ambigüedad han reemplazado los patrones normales de análisis, de investigar ideas, de experimentos limitados para probar el concepto, y de un lanzamiento orquestado.

Durante la pandemia, las preguntas han llegado de forma rápida y furiosa, y a menudo con una guía opuesta... o demoras imprevistas. Por ejemplo, si un CEO o un pastor tiene cincuenta empleados, un conjunto común de preguntas que habría que responder podrían incluir entre otras las siguientes:

- ¿Cuántas personas pueden trabajar desde casa, y cuántas se tienen que quedar presenciales?
- ¿Cómo podemos llegar a nuestros clientes y a los que asisten a nuestras reuniones para que sigan involucrados y sigamos siendo relevantes?
- ¿Cómo ayudamos a los padres que tienen hijos fuera de la escuela?
- ¿Qué hacemos con los que se niegan a enviar a sus hijos de nuevo a la escuela cuando abra?
- ¿Cómo podemos hacer que nuestra gente se vacune lo más rápido posible?
- ¿Qué hacemos con los que rehúsan vacunarse? ¿Les permitimos seguir contratados o asistir a la reunión de adoración?
- ¿Deberíamos adoptar una postura en cuanto a las mascarillas, la distancia social y las vacunas? ¿Qué ocurre si no lo hacemos?

- ¿Cómo nos relacionaremos con las personas que valoran la libertad personal por encima de la seguridad pública?
- ¿Qué debería poner en las redes sociales? ¿Quién debería monitorizar nuestras redes sociales?
- ¿Cómo deberíamos responder a los mensajes que critican tanto a mí como a mis decisiones corporativas?
- ¿Cómo puedo dar la sensación de ser creíble y de estar en control cuando me siento con mucha falta de control?
- A medida que avanza el proceso de reapertura y la gente demanda un regreso más rápido a la normalidad, ¿cómo trataremos su impaciencia?

Las preguntas pueden ser interminables.

REEVALUAR

Como agentes de cambio, los líderes tienen un proceso de toma de decisiones cuidadosamente formado y frecuentemente ensayado. Con los años, si no décadas, hemos practicado este proceso y hemos visto los beneficios en quienes confiamos en cuanto a recibir ideas y retroalimentación, el momento oportuno, y los beneficios y repercusiones de decisiones concretas. Innumerables experiencias han engranado estos procesos en nuestra mente a fin de no tener que pensar en ellos, pues se han vuelto una costumbre. El Dr. Tim Elmore, fundador y CEO de Growing Leaders, llama a esto la "competencia inconsciente". Él identifica cuatro etapas distintas de competencia: incompetencia inconsciente (no sabemos lo que no sabemos);

incompetencia consciente (sabemos lo que no sabemos); competencia consciente (somos conscientes de lo que sabemos); y competencia inconsciente (no somos conscientes de todo lo que sabemos).[24] Cuando llegamos a esta etapa final, tenemos un sexto sentido en cuanto a la manera en que responderán personas en particular, cuánto tardarán las personas en subir a bordo, el tiempo de la implementación, y demás. Estamos pensando, pero a un nivel subconsciente.

Podríamos usar dos metáforas muy distintas para ilustrar los procesos de toma de decisiones incorporados y establecidos. Cuando un ranchero suelta un rebaño de ganado a nuevos pastos, las vacas, los toros y los terneros se dan cuenta de inmediato de dónde está la fuente de agua y las pacas de heno. Puede que pasten por todo el pastizal, pero en solo unos días el ganado ha marcado caminos claros hacia estos dos lugares; y, con el tiempo, los caminos se ven definidos cada vez con más claridad.

Otra metáfora está en el otro lado del espectro: cuando tú y yo entramos en el Internet, vemos anuncios que se corresponden con lo que hemos comprado antes o al menos hemos mirado. Todo en lo que hemos hecho clic se convierte en parte de nuestra huella digital, y según miramos los nuevos anuncios, nuestro perfil se ve reforzado.

Eso es lo que ocurre en nuestro proceso de planificación. Usamos un método, funciona, otros lo afirman, y la retroalimentación de la gente y el éxito de eventos refuerzan nuestro marco. Enseguida, ni siquiera somos conscientes de que fuimos intencionales al principio. Nuestro proceso está basado entonces en suposiciones internas establecidas.

TENEMOS QUE APRENDER A NAVEGAR POR LOS MARES TURBULENTOS DE LA AMBIGÜEDAD.

En una crisis, todas nuestras suposiciones (o al menos gran parte de ellas) se esfuman como hojas secas de otoño atrapadas en un vendaval. Tenemos que aprender a navegar por los mares turbulentos de la ambigüedad. O para usar una metáfora más, de repente la tierra se ha movido de su eje. La gente se ha movido un grado o dos por el espectro de la conformidad porque el cambio les hace sentir más incómodos. Así, los que tenían hambre de subir a bordo, ahora están reticentes; los que normalmente eran reticentes ahora desafían, y los que antes desafiaban... bueno, ¡es mejor mantenerse alejado de ellos!

El ritmo del cambio y el proceso del cambio están indisolublemente relacionados. El marco de tiempo comprimido para las decisiones fuerza a los líderes a usar un proceso más simplificado. El análisis y los estudios laboriosos toman demasiado tiempo, así que los líderes tienen que priorizar sus fuentes de entrada y tomar la mejor decisión en el tiempo que tienen. Si esperan demasiado, su gente se preguntará si su líder está encima de las cosas, y pierde credibilidad. (También es posible que reciba malhumorados correos electrónicos y mensajes).

Durante y después de una crisis, los líderes tienen que volver a pensar en los elementos fundamentales de sus organizaciones, como:

- Cómo te organizas
- Cómo conectas con tu equipo
- Cómo te relacionas con personas fuera de la organización
- Cómo mides el éxito
- Cómo usas tus instalaciones
- Cómo manejas las finanzas

En tiempos de presión, sentimos intuitivamente con quiénes podemos contar para una retroalimentación rápida y profunda, lo que es preferible, o decidimos por prueba y error quién es eficaz, pero toma mucho tiempo y es complicado. Los que eran adeptos a los análisis prolongados, cuidadosos y detallados, a veces se sienten confusos y molestos por el nuevo proceso del líder. Enseguida se elimina del núcleo esencial de los lugartenientes más fiables del líder. Como mencioné antes, el cambio rápido en la estrategia pone patas arriba el organigrama de la organización, así que personas que antes habían trabajado en los márgenes ahora se convierten en fundamentales para los planes del líder. ¿Se corregirá solo el organigrama de la organización y volverá a la normalidad después de la pandemia? Quizá, al menos en cierto grado, pero probablemente no del todo. Durante la crisis, los líderes han aprendido a llegar a sus audiencias y clientes de formas nuevas y eficaces, y esas formas seguirán siendo eficaces cuando remita el impacto del cambio rápido.

EN TIEMPOS DE CRISIS, LOS EFECTOS DEL CAMBIO SE MULTIPLICAN DEBIDO A LOS RÁPIDOS CAMBIOS QUE SE ESTÁN PRODUCIENDO TANTO FUERA COMO DENTRO DE LA ORGANIZACIÓN.

DE REGRESO A LO BÁSICO

En los mejores tiempos, el cambio es disruptivo. En tiempos de crisis, los efectos del cambio se multiplican debido a los cambios rápidos que se están produciendo tanto fuera como dentro de la organización. En estos tiempos, tenemos que recordar las verdades fundamentales del cambio:

1. *Todo cambio es una crítica del pasado.*

Al menos implica que la forma en que solían hacerse las cosas se debe actualizar, pero a menudo significa que las maneras antiguas se tienen que ajustar o reemplazar.

2. *Todo cambio afecta a la gente personalmente*, así que siempre se toma de manera personal.

El cambio nunca es meramente académico o puramente objetivo. Siempre es subjetivo, así que la gente siente el cambio tanto (o más) de lo que lo conceptualiza.

3. *Todo cambio se percibe como una pérdida.*

Los líderes instigan el cambio para que la organización crezca, pero las personas están emocionalmente conectadas con el estatus quo. Alguna medida de tristeza es una parte inevitable del cambio.

4. *Todo cambio necesita un "campeón".*

Este suele ser, por lo general, el líder principal que está dispuesto a emplear patrimonio personal por el bien de la organización. Sin esta persona, los planes rápidamente se diluyen y se pierde el impulso.

5. *Todo cambio tiene bajas.*

La "sangre en el suelo" es inevitable. Algunas pérdidas son muy dolorosas, al menos para algunas personas. Los líderes que no están dispuestos a seguir avanzando abdican sus funciones.

6. *Todo cambio se malentenderá.*

Puedes controlar tu decisión, pero no cómo responden las personas a ella. Dalo por hecho: unas cuantas personas harán suposiciones erróneas, y a veces absurdas, en cuanto a tus ideas, tus motivaciones y tu sano juicio.

7. *No todos estarán felices.*

La mayoría de los agentes de cambio sienten la acuciante necesidad de que todos entiendan, estén de acuerdo y afirmen. Sin embargo, esta expectativa es totalmente irrealista y consumirá el tiempo y la atención del líder a medida que intenta conseguir que todos estén felices, lo que retrasa el progreso.

8. *Todo cambio tiene que ver con empeorar para luego mejorar.*

El ejercicio hace que tus músculos se sientan más débiles, pero en verdad se están fortaleciendo. Si tenemos poco aguante, nos mantendremos débiles.

9. *Todo cambio necesita un "plan de transición".*

Son los problemas de transición, y no el cambio, los que regresan y muerden si no se manejan bien. Hay una diferencia importante. El cambio es externo; sucede independientemente de si la gente está o no de acuerdo o se coordina con él. La transición es interna; es el nuevo pensamiento, motivaciones más profundas y mayor aceptación de los planes.

10. *El cambio impuesto es un cambio resistido.*

Algunos líderes son valientes y decisivos, pero quizá no son sensibles a la forma en que los nuevos planes afectan a las personas. Otros son compasivos, pero quizá no están dispuestos a lanzar iniciativas que decepcionen a otros. Los mejores líderes son a la vez valientes y compasivos, que prosiguen adelante mientras a la vez incorporan pacientemente a las personas con ellos.

La percepción es la realidad. En otras palabras, si tenemos expectativas irreales de cómo responderán las personas, nuestras percepciones erróneas nos harán ser reactivos. Pero si anticipamos las complejidades de hacer cambios en nuestra organización, no nos desconcertarán cuando se produzcan. De nuevo, seamos brutalmente honestos sobre la realidad de liderar en una crisis: nos sentimos más presionados, y nuestra gente se siente más ansiosa. Más que nunca, tenemos que ser realistas.

SEAMOS BRUTALMENTE HONESTOS SOBRE LA REALIDAD DE LIDERAR EN UNA CRISIS: NOS SENTIMOS MÁS PRESIONADOS, Y NUESTRA GENTE SE SIENTE MÁS ANSIOSA. MÁS QUE NUNCA, TENEMOS QUE SER REALISTAS.

UN PROCESO REVISADO

Para crear un nuevo proceso de toma de decisiones en tiempos de crisis, la mayoría necesitamos hacer al menos algunos ajustes menores en la forma en que hemos hecho las cosas en el pasado, y algunos tenemos que hacer algunas revisiones más importantes. Permíteme ofrecerte cuatro sugerencias que serán la clave a la hora de navegar por el mundo pospandemia.

TOLERA LA AMBIGÜEDAD

La vida siempre ha tenido un grado de incertidumbre, pero la pandemia sacudió muchos de nuestros conceptos previos sobre la forma estructurada y predecible en que operan normalmente las organizaciones. Los líderes que demandan tener todas las respuestas antes de dar pasos han tenido, y seguirán teniendo, una desventaja particular.

En un artículo titulado "Seis mentalidades para resolver problemas en tiempos muy inciertos", Charles Conn y Robert McLean recomiendan nuevas estrategias durante y después de una crisis, y animan a los líderes a aceptar lo desconocido:

> Cuando pensamos en solucionadores de problemas, muchos tendemos a imaginarnos a un ingeniero equilibrado y brillante. Quizá nos imaginamos a una mente maestra que sabe lo que hace y aborda con propósito un problema. La realidad, sin embargo, es que la mayoría de los buenos solucionadores de problemas tienen mucha prueba y error; es más como el aparente azar del rugby que como la precisión de la

> programación lineal. Formamos hipótesis, investigamos los datos, y después sacamos a la superficie y refinamos (o tiramos) nuestra apuesta inicial para la respuesta. Todo esto requiere, por encima de todo, que abracemos la imperfección y que toleremos la ambigüedad; y tener el sentido de las probabilidades de un jugador.[25]

Quizá no tengas el concepto de ti mismo de ser un jugador, pero cuando tenemos que girar rápidamente para tomar decisiones, cada una de ellas supone una medida mayor de riesgo que aquellas que son producto de nuestros procesos normales cuidadosamente considerados.

HAZ MÁS PREGUNTAS... Y ESCUCHA

Las prisas para ajustarnos durante la pandemia cambiaron nuestra percepción de los entendidos de la empresa que rápidamente pudieron hacer los cambios necesarios, y eso forzó a muchos empleados a encontrar formas creativas de lograr sus tareas. A medida que va remitiendo la pandemia, los líderes sabios harán preguntas sobre la función de cada persona, lo que han aprendido de los cambios durante la pandemia, y cómo pueden colaborar más eficazmente. Esta reevaluación corporativa global bien puede dar como resultado una gráfica organizacional muy distinta, mayor colaboración y cambios estructurales en los papeles, los reportes, y las metas.

VALORA A LOS QUE HAN DEMOSTRADO SER EXCEPCIONALMENTE PERCEPTIVOS

Tú ya sabes quiénes son, ¿no es cierto? En los dos últimos años tuvieron ideas que nadie más tuvo, vieron oportunidades donde otros veían desastre, y tuvieron una visión de los cambios que se deberían implementar mientras otros se mantenían confusos y pasivos. Tenemos que rodearnos de personas así, o encontrar al menos una persona que tenga este nivel de perspicacia. Probablemente nos convertimos en líderes porque demostramos tener habilidades en algún aspecto particular de nuestras funciones, ¡y no hay nada malo en ello! Pero, a medida que lideramos nuestras organizaciones hacia el futuro, necesitamos personas que tengan una habilidad insólita para ver lo que otros no ven.

PRESTA ATENCIÓN A LA MULTITUD

Chris Bradley, coautor de *Strategy Beyond the Hockey Stick* (Estrategia más allá del palo de hockey), observa: "Es un error pensar que en tu equipo tienes a las personas más inteligentes de la sala. No están ahí. Están invariablemente en otro lugar".[26] Si hemos aprendido algo de la revolución digital, es que las personas están más que dispuestas a darnos retroalimentación, si se lo pedimos. La colaboración masiva no es solo para las empresas en el Internet; puede ser una herramienta eficaz para todos los líderes. Por supuesto, no todas las ideas son igualmente valiosas, pero el hecho de que alguien dedique tiempo a comunicarse con nosotros nos dice que está interesado en nuestras organizaciones. La gente afuera no tiene impedimento alguno con "la forma en que las cosas funcionan aquí", así que son libres para dejar volar su creatividad.

Algunos no estamos cómodos cuando personas que no conocemos (y, por lo tanto, no respetamos) nos desafían. ¡Supéralo! Habla con las personas jóvenes del departamento de computación y pídeles que te den una estrategia para alcanzar a las personas que están fuera de nuestras cuatro paredes. Si lo haces, lograrás al menos dos cosas: tu equipo de computación se sentirá totalmente valorado; y tú recibirás muchas ideas de personas que pueden convertirse en tu audiencia o en tu base de clientes. No está mal... no está nada mal.

Aaron Dignan, fundador de *The Ready*, entrena a ejecutivos en la transformación organizacional. Él resume el modo en que los líderes tienen que responder a los cambios que enfrentamos ahora:

> Tenemos que ir más rápido. Ser más innovadores. Tomar mejores decisiones; perder menos tiempo. Romper silos. Trabajar horizontalmente. Simplificar nuestra estructura. Enfocarnos en el cliente. Aumentar el flujo de información. Escalar sin perder lo que nos hace grandes. Cambiar nuestro modelo de empresa. Atraer talentos distintos. Retener el gran talento que tenemos.[27]

Esta es una etapa para los valientes y los creativos. Sé ese tipo de líder.

PARA RECORDAR

- Tenemos que reevaluar nuestros caminos de toma de decisiones innatos y bien ensayados.
- Las respuestas al cambio son más extremas durante una crisis, así que tenemos que ser realistas en cuanto a las expectativas que tenemos de nosotros mismos y de los demás.
- El proceso que revisamos ahora aportará dividendos mucho después de que remita la presión.

PARA PENSAR

1. ¿Cómo describirías tu proceso de toma de decisiones antes de la pandemia? ¿Cómo cambió cuando comenzó la crisis?

2. ¿Qué crees que significa "estar cómodo con la ambigüedad"? ¿A quién conoces que tenga ese nivel de comodidad con lo desconocido... y que sea un líder muy eficaz?

3. ¿Cuáles son algunas razones por las que es importante recordar las verdades fundamentales sobre la reacción de las personas al cambio mientras navegamos por la crisis y cuando termine?

4. ¿Cuál de los cuatro elementos de una estrategia revisada es la prioridad más alta para ti a la hora de implementarlos? ¿Qué diferencia marcará?

6

PROGRAMAS EN CAMBIO

El arte del progreso es preservar el orden en medio
del cambio y preservar el cambio en medio del orden.
—Alfred North Whitehead,
matemático y filósofo inglés

En 2020 me invitaron a hablar en cuatro conferencias en Europa, dos en Dubái, cuatro en India, dos en Nueva Zelanda, dos en Australia y varias en Sudamérica. En mi carrera como consultor he respondido a estas invitaciones con la preparación de mis mensajes, haciendo la reservación de vuelos y viajando a los eventos donde miles de líderes acudían a oírme hablar. Me gustaban las interacciones informales con las personas que coordinaban los eventos y las que asistían a ellos. A menudo tenía la oportunidad de visitar lugares asombrosos en esos países con mis anfitriones como guías turísticos.

De repente, a finales de febrero de ese año todos esos eventos se cancelaron, se pospusieron o se detuvieron indefinidamente. Algunos de los coordinadores eran optimistas, esperando que la pandemia remitiera rápidamente, pero está claro que no fue así, sino que empeoró. Al final, no se llevó a cabo ninguno de esos eventos. Aun así tuvimos algunos, pero los hicimos por Internet, y en lugar de miles sentados en un auditorio hombro con hombro con otros líderes, miraba a unas cuantas cajitas que contenían la imagen de las personas en la pantalla de mi computadora.

Programar tiene que ver con formatos. Juntan a las personas para que puedan aprender, adorar, vender, comprar y negociar. Durante la pandemia, los líderes de todo tipo de organización tuvieron que encontrar maneras de conectar con las personas. Como hemos visto, los líderes a menudo reciben directrices contradictorias (o al menos confusas) de las agencias de gobierno, así que cerraron, abrieron, cerraron parcialmente, abrieron un poco más, cerraron del todo, y después volvieron a abrir gradualmente. En cada fase, tuvieron que reevaluar sus programas para poder conectar eficazmente con equipos de liderazgo, empleados, clientes, voluntarios y miembros.

Incluso antes de la pandemia, los líderes se dieron cuenta de que tenían que invertir en las oportunidades en el Internet, o quedarse atrás. Prácticamente toda organización empezó a redoblar el mercadeo y los servicios en línea, y no somos los únicos que estamos interesados en los datos. De forma alarmante, las empresas de biotecnología y los que analizan la genealogía de una persona mediante el ADN han adquirido una cantidad enorme de información sobre cada persona que participa, con una estimación de 50 millones en este momento. En una divulgación de *60 Minutes*, el reportero Jon Wertheim entrevistó al agente especial del FBI Edward You. Las empresas genealógicas marcaron sus análisis de ADN como un producto interesante para el consumidor. You explicaba:

> El rendimiento de la inversión es agregar la información y lo que pueden hacer con ella cuando ya tienen suficiente... El valor está en la información. Y no son solo las empresas de genealogía. Todos buscan a qué tipo de información pueden acceder, cuánto tengo, y después cómo puedo darle la vuelta y monetizarla... La información es el nuevo petróleo, y todo tipo de información se puede extraer de tu reloj inteligente, tus redes sociales, tu tarjeta de crédito.[28]

Los datos están transformando nuestro mundo tanto como el petróleo transformó la movilidad, la energía para nuestros hogares y oficinas, los plásticos, y prácticamente cualquier otro aspecto de nuestra vida. El petróleo nos permitió conducir para ir al trabajo, para ir a comprar, para recoger a nuestros hijos de los entrenamientos y los partidos, para ir a la iglesia, y para ver partes del país que solo las personas muy ricas tenían tiempo y dinero para poder visitar. En otras palabras, la programación de la vida humana se revolucionó profundamente con el uso del petróleo, y actualmente la están revolucionando los datos. Paradójicamente, los datos están haciendo que nuestras vidas estén mucho más conectadas a la información, pero menos conectadas a otras personas.

PARADÓJICAMENTE, LOS DATOS ESTÁN HACIENDO QUE NUESTRAS VIDAS ESTÉN MUCHO MÁS CONECTADAS A LA INFORMACIÓN, PERO MENOS CONECTADAS A OTRAS PERSONAS.

UN GIRO RÁPIDO

Antes de la pandemia, ya estábamos haciendo el movimiento gradual hacia los programas impulsados por datos, pero el COVID-19 forzó a los líderes a realizar un giro difícil e intenso en esa dirección. Las escuelas elementales son el clásico ejemplo de los retos que trajo consigo este cambio. Cuando las escuelas cerraron, aprender se convirtió en una experiencia virtual, pero los maestros no tenían experiencia con este tipo de comunicación, y el rango de atención de los niños demostró ser tan sustantivo como un hilo de humo. Ya era suficiente reto mantener a los pequeños atentos al maestro durante el aprendizaje presencial; demostró ser increíblemente difícil en el Internet. Los padres a menudo estaban trabajando en casa, así que su atención estaba dividida entre su trabajo y mantener a sus hijos conectados con sus maestros. Los padres a veces asumían más responsabilidad de la enseñanza para compensar la falta de conexiones en el aula, pero pocos padres tenían la destreza de enseñar las "nuevas matemáticas" según el grado de sus hijos. Los niños extrañaban a sus amigos, y los padres extrañaban tener algo de paz y tranquilidad.

El contenido de la clase era el mismo (leer, escribir, aritmética, historia, geografía, ciencias sociales y demás), pero el sistema de hacerlo era radicalmente distinto. Durante 2020 se produjeron opiniones ferozmente opuestas sobre muchas cosas, como la utilidad de las mascarillas y la disponibilidad de pruebas y vacunas, pero quizá nada estuvo tan emocionalmente polarizado como abrir las escuelas para la enseñanza presencial. Muchos padres necesitaban que sus hijos regresaran a la escuela para que ellos pudieran regresar a su trabajo, una necesidad económica para los que se ganaban su sueldo teniendo que desplazarse a su trabajo, pero muchos maestros temían la posible exposición a niños que pudieran traer la enfermedad desde el hogar hasta la clase. El sistema de hacerlo era de suma importancia para todos, incluso aunque discrepaban en la solución al problema.

CONSOLIDA, NO DESECHES

Como he mencionado en casi cada capítulo, los líderes se han dado cuenta de que la pandemia no solo creó un caos a corto plazo y soluciones temporales; ha tenido un impacto duradero sobre cómo las organizaciones entregan sus productos y servicios. Ciertamente tenemos tendencia a anhelar *regresar a la forma en que antes se hacían las cosas*, pero en cambio, tenemos que consolidar la programación positiva y eficaz que implementamos durante la pandemia. Permíteme ofrecerte algunas ideas y sugerencias:

1. AFIRMA A TUS INNOVADORES

Sí, estamos cansados de la prolongada inyección de adrenalina que soportamos durante la pandemia. Parecía que algo cambiaba cada día, pero la naturaleza exacta de los cambios seguía siendo frustrantemente incierta. La urgencia nos empujaba a ser creativos para buscar soluciones a problemas que ni siquiera sabíamos que existían, y aprendimos a valorar a las personas que nos dieron respuestas innovadoras. Ahora, una vez que pase la pandemia, no es el momento de desempolvar los viejos programas e implementarlos de nuevo. El mundo ha cambiado, y los líderes sabios cambian con él. "Afirma a los innovadores" es un buen lema de liderazgo para la siguiente fase de nuestras organizaciones.

"AFIRMA A LOS INNOVADORES" ES UN BUEN LEMA DE LIDERAZGO PARA LA SIGUIENTE FASE DE NUESTRAS ORGANIZACIONES.

En un artículo titulado "Forzar el cambio: Conduciendo la innovación y produciendo resultados", Brett Ridge y Brian Reich hablan específicamente de los líderes de organizaciones sin fines de lucro, pero sus principios son aplicables a líderes en todas las organizaciones: "Con mucha frecuencia, las organizaciones sin fines de lucro tienen una sólida base de voluntarios comprometidos, pero fallan a la hora de usarlos en el área de la innovación. Aprendiendo a nivelar mejor a los voluntarios, las organizaciones pueden fortalecer su credibilidad y alcance mientras obtienen nuevas ideas, soluciones y energía que son aspectos tan fundamentales del éxito. En muchos casos, esto significa tener a la persona adecuada haciendo el trabajo correcto en el lugar y el momento correctos. La clave es encontrar personas inteligentes con pasión. Ten fe en que su excelencia, cuando se aplica adecuadamente, no solo ayuda a los esfuerzos de la organización, sino que también crea una oportunidad para que otros se distingan y encuentren soluciones".[29] ¿Por qué? ¡Porque la innovación es contagiosa!

2. HAZ BOCADOS DE VISIÓN

Hemos aprendido muchas cosas en los meses en los que teníamos que encontrar soluciones al instante para nuevos problemas, y una de las más importantes fue que nos resultaba fácil distraernos y nuestra visión se diluía en medio de todos los nuevos desafíos. Ahora, según salimos de la olla de presión, es inteligente reafirmar el *porqué* de nuestras organizaciones a medida que reestructuramos el *quién, qué, cuándo* y *cómo*. Cada persona del equipo necesita un bocado de la manzana de la visión, algo que cada uno pueda lograr que refuerce las responsabilidades individuales y celebre las contribuciones a medida que la organización vuelve a tener altura. La gráfica de la organización quizá sea muy diferente ahora, pero visión, delegación y seguimiento siguen siendo esenciales, y quizá incluso más importantes a medida que cambiamos nuestros formatos.

3. SACA LO MEJOR DE CADA PERSONA

Liderazgo tiene que ver con llevar a personas con nosotros para alcanzar una meta que es mucho mayor de lo que podríamos conseguir individualmente. Los programas se revisaron durante la pandemia y se están analizando después de la misma, y cada persona del equipo puede desempeñar un gran papel en el nuevo aspecto de la organización. Redobla tus esfuerzos a la hora de invitar a la colaboración, de valorar las sugerencias que están fuera del molde, afirmar las contribuciones, y señalar a la gente una visión mayor; y no dudes en pedirles sus mejores esfuerzos. Los cambios que tu organización experimentó no deberían desperdiciarse. Aprende de ellos, piensa en grande, y valora a las personas que se invierten a sí mismas para hacer lo aparentemente imposible. Empodera a los que demostraron su valía, incluso sin tener un lugar principal en la gráfica de la organización. Esto probablemente requiera un cambio en la descripción de su trabajo para que puedan dedicar los talentos que acabamos de apreciar a la función que visualizas para ellos.

4. USA MÚLTIPLES PUNTOS DE CONTACTO

Durante la pandemia tuvimos que encontrar nuevos formatos, o al menos cambiar nuestras prioridades de una a otra. A medida que la cultura es impulsada cada vez más por los datos, tenemos que utilizar cada punto de contacto posible, no solo las conexiones en persona, sino también *podcasts*, videos y todo el abanico de plataformas virtuales.

5. MANTENTE OPTIMISTA

Los primeros meses de la pandemia crearon una sensación de urgencia que provocó que algunas personas entraran en pánico, pero vigorizó a otras para ser increíblemente creativas. Con el desgaste de los meses, sin embargo, incluso muchos de los más esperanzados sufrieron bajo el esfuerzo diario de intentar inyectar esperanza en personas que se sentían confusas, tristes y resentidas de que la vida no volviera a la normalidad lo rápido que esperaban. A decir verdad, estaban llenos de dolores de cabeza y aflicciones, pero algunas personas en nuestras organizaciones estuvieron a la altura del desafío y sirvieron con confianza y excelencia. Es importante que aprovechemos todas las ganancias que tuvimos en nuestra programación creativa y gestionemos las pérdidas tan reales que sufrimos. La gente nos miraba buscando consuelo y esperanza durante el COVID-19, y nos miran ahora para encontrar sentido a lo que ocurrió y para buscar dirección para el futuro.

El experto en gerencia empresarial John Kotter reconoce que es muy fácil que las organizaciones den dos pasos hacia adelante y otros dos hacia atrás en cuanto al estatus quo. Él ofrece este consejo a los líderes que implementan nuevos sistemas: "Al principio, los cambios son frágiles. Necesitan alimento y protección para arraigarse en la organización. Vigila los cambios que han costado implementarse, y reconoce que muchos de ellos tardarán años para que se engranen del todo en la organización. Los mejores líderes saben que el cambio no es una proposición que se hace de vez en cuando. El proceso de cambio es continuo. Cuando los líderes gestionan el cambio con eficacia, ganan respeto y se ganan el derecho a trazar una cultura en la que el cambio es un aspecto regular, incluso bienvenido, de la organización".[30]

Si implementas estas ideas, creo que crearás nuevos formatos y afinarás algunos que han funcionado bien.

USA UN LAPICERO

Mientras averiguamos cómo aplicar las lecciones aprendidas de la pandemia, necesitamos una inyección de humildad en nuestra planificación. Usa un lapicero con un buen borrador, porque si de una cosa podemos estar seguros, es de la incertidumbre. Estamos en un tiempo de cambio, y muchos de los parámetros que usábamos antes en nuestro proceso de planificación se tendrán que actualizar.

He leído que es sabio que los líderes creen planes de contingencia; pero en mi experiencia como consultor he observado que, cuando los líderes crean planes de contingencia, rápidamente se unen a ellos. La palabra *contingente* implica flexibilidad, pero los planes escritos se interpretan como permanentes. Se sabe muy bien que el boxeador de pesos pesados Mike Tyson, dijo una ocasión: "Todos tienen un plan hasta que les golpeas en la cara". En la pandemia, ¡a todos nos han golpeado muchas veces en la cara!

USA UN LAPICERO CON UN BUEN BORRADOR, PORQUE SI DE UNA COSA PODEMOS ESTAR SEGUROS, ES DE LA INCERTIDUMBRE.

No estoy defendiendo que no debamos planificar. Debemos hacerlo; pero tenemos que darnos cuenta de que los planes de contingencia deben permanecer *contingentes*. Si tenemos un Plan B, tenemos que estar abiertos a planes C y hasta al menos la G. Algunos factores clave en estos planes incluyen:

- *Lo que sabemos que es cierto*

  Incluir a aquellos con los que podemos contar, los sistemas que funcionan actualmente, la sólida visión para el futuro y los valores que guían nuestras operaciones.

- *¿Qué es lo que no sabemos y cuánto tiempo estaremos sin saberlo?*

  Como quién regresará a la oficina cuando termine la pandemia, quién no, cómo podemos alcanzarlos de la forma más eficaz, las implicaciones económicas de cualquier cambio en los planes, los programas que se pueden volver a instaurar, los que tenemos que cambiar y los que tenemos que abandonar.

- *¿Quién debería participar en esta estrategia flexible de planificación?*

  Incluir a los que han demostrado una destacada creatividad con nuevas ideas para resolver problemas, porteros que afectan a muchos otros en la organización, así como a un equipo de liderazgo reestructurado.

- *Quién debería participar en las decisiones rápidas y la implementación?*

  Piensa en cambios en el sistema para que incluya a menos personas en el proceso, pero comunícalo con claridad para que todos participen en la implementación.

- *Cómo comunicar un cambio de planes, que muestre confianza en la dirección, pero con la apropiada humildad y flexibilidad.*

  Piensa en las formas en que las personas consiguen la información y usan las plataformas digitales para comunicarse, pero ten en mente que también habrá quien no tenga acceso a esas plataformas, así que traza una estrategia para conectar con ellos.

- *Cómo construir un ciclo de retroalimentación que funcione cuando los planes están en un proceso de cambio.*

  Piensa que, aunque el proceso de toma de decisiones sea más rápido y haya menos personas participando en ese proceso, quizá es incluso más importante conseguir una retroalimentación precisa de los clientes y constituyentes. Traza un modo para que la gente responda y así sepas lo que está funcionando y lo que no.

- *Cómo definir el éxito*

  En tiempos de cambios importantes, el éxito se puede definir como el número de personas que mantienes como clientes, miembros y asistentes leales, o quizá entradas y participación en el mercado, así como la moral de tu equipo. Sin embargo, para muchas organizaciones, simplemente llegar al otro lado ¡es un gran logro!

GRACIA BAJO PRESIÓN

Cuando estamos estresados, tenemos la urgencia de reaccionar en lugar de responder, de ser emocionales en lugar de racionales. Durante años, hemos confiado en nuestros programas para llevar nuestro mensaje y crear entornos donde la gente quería lo que nosotros ofrecíamos, pero en una crisis, estos programas se ven amenazados… y quizá se vuelven irrelevantes. Es fácil dejar que el momento se lleve lo mejor de nosotros, incluso los más dotados tenemos momentos de debilidad. En un artículo para *Korn Ferry*, Gary Burnison comparte su respuesta a la presión y la lección que está aprendiendo. Primero, una de las virtudes más importantes del liderazgo es la honestidad radical:

> A pesar de mis mejores intenciones, hace un par de semanas durante una conversación con un colega, metí la pata. Le había pedido a esta persona que hiciera algo y, cuando no lo hizo, de inmediato saqué mis propias conclusiones. Entré en un modo de mando y control, y dejé que mi enojo se llevara lo mejor de mí. Tras reflexionar en lo mal que había ido la conversación, a la mañana siguiente lo primero que hice fue llamar a esta persona para disculparme: "Lo siento. No escuché lo que me estabas diciendo". En ese momento, pude sentir que el lenguaje corporal de la otra persona cambiaba, mientras soltaba un suspiro. Por mucho que intentemos hacer las cosas bien, por lo general haremos algo mal. Se necesita humildad y vulnerabilidad para admitir esos errores, primero ante nosotros mismos y después ante otros.[31]

Burnison aprendió a practicar la "paciencia urgente":

> La paciencia urgente es una virtud: la impaciencia no aporta nada. Inspira más temor que buen desempeño, lo cual puede invalidar el pensamiento crítico. Cualquiera que haya frenado en una carretera helada

lo puede entender: tu instinto es pisar los frenos y girar el volante en dirección contraria. Se necesita tener la cabeza fría para hacer lo contrario, lo contradictorio, de girar hacia el hielo para recuperar el control. Es tiempo de que los líderes también "liberen los frenos". La paciencia urgente es la verdadera virtud aquí. O, en palabras del emperador Augusto, "*Festina lente*": date prisa lentamente. Es la gracia bajo presión lo que convierte una crisis en una oportunidad.[32]

Una crisis hace temblar nuestro sentido del equilibrio, nos hace cuestionar nuestro apoyo en las cosas, y nos fuerza a responder preguntas que nunca nos habíamos hecho. Antes de la crisis, nos quejábamos de nuestros formatos para afinarlos, pero durante la sacudida tuvimos que tomar decisiones en el momento para averiguar cómo seguir manteniendo el barco a flote. Un cambio de más de un año nos ha afectado a nosotros como líderes, a nuestros equipos y a las personas a las que servimos, y el cambio perdurará. Nuestra tarea es cambiar con él y recrear nuestros programas para el futuro.

PARA RECORDAR

- Los programas son simplemente formatos para nuestros mensajes y los entornos que queremos crear.
- Los sistemas que creamos durante la pandemia ciertamente afectarán la forma en que hagamos los negocios y la Iglesia en el futuro.
- Los planes de contingencia son… bueno, contingentes.

PARA PENSAR

1. Cuando la pandemia comenzó a afectar a tu organización, ¿cuáles fueron los primeros cambios en tus formatos? ¿Cómo siguieron cambiando durante los meses de cierres y aperturas?

2. ¿De qué forma la información es "el nuevo petróleo" de tu organización? ¿Lo es?

3. ¿Quiénes son las personas en tu organización que han tenido ideas innovadoras sobre reformar tus formatos? ¿Cuáles de estos cambios se han vuelto permanentes?

4. ¿Te sientes cómodo siendo flexible con tu planificación? Explica tu respuesta.

5. ¿Qué aspecto tiene (o tendría) la "paciencia urgente" en tu liderazgo?

7

PROCLAMACIÓN EN EL CAMBIO

El reto del liderazgo es ser fuerte, pero no rudo; ser amable, pero no débil; ser osado, pero no bravucón; ser considerado, pero no perezoso; ser humilde, pero no tímido; ser orgulloso, pero no arrogante.
—Jim Rohn, autor,
emprendedor y orador motivacional

C*ualquier* líder a *cualquier* nivel en *cualquier* organización solo será eficaz hasta el grado en que la comunicación sea clara y atractiva. Estos líderes dejan su huella proclamando mezclas de visión y compasión, dirección y esperanza, reto y paciencia. Cuando llegó la pandemia y muchas personas comenzaron a trabajar desde casa, los líderes tuvieron que usar un medio distinto para comunicarse. Las conexiones presenciales, cara a cara, fueron reemplazadas al instante por Zoom y otras herramientas para conferencias en video. Al principio, este nuevo enfoque era un tanto emocionante, pero poco después, los líderes se dieron cuenta de que a su gente le costaba concentrarse, que el mensaje no era tan claro como pensaban y perdían las oportunidades de hablar antes y después de las reuniones; encuentros que demostraban ser muy importantes, pero que se habían subestimado antes del COVID-19.

Los líderes se dieron cuenta de que su principal tarea de proclamación ya no era la difusión de conceptos, sino encontrar formas de conectar con su gente para que siguieran sintiendo que aún eran miembros valorados del equipo. La comunicación se enfoca en el contenido; conectar tiene que ver con la empatía. La comunicación describe la dirección de la organización; la conexión valora a cada persona. El cambio fue de proyectos a personas. Quizá digas: "Pero Sam, siempre comunicábamos que nuestra gente es importante". Y yo respondería: "Sí, estoy seguro de que lo hicieron, pero es una cuestión de enfoque, énfasis e impacto. Cuando estaban juntos antes, durante y después de una reunión, podían hacer suposiciones sobre la profundidad y la calidad de las relaciones. Durante la pandemia, cuando tu equipo se reunía solo durante breves periodos de tiempo en las pantallas, esas suposiciones fueron arrojadas por la ventana".

HABLAR DEL ELEFANTE

El líder de una gran organización me dijo: "No tomó mucho tiempo. En las primeras dos semanas cuando nuestro equipo estaba en casa y nuestras reuniones eran en línea, todos tenían el mismo aspecto que cuando acudían a la oficina. Llevaban la misma ropa elegante que se ponían para ir a trabajar, las mujeres obviamente se habían arreglado el cabello y se habían maquillado, y los hombres se habían peinado. Su vello facial estaba cuidadosamente arreglado para tener un aspecto relajado y masculino, ya sabes a lo que me refiero, ¿no?".

Le afirmé que sí. Quería decirle: "¿Me estás mirando ahora mismo? Ese es el aspecto que estoy intentando conseguir, aunque sea algunas décadas mayor que los elegantes hombres jóvenes de tu organización". Pero no se lo dije.

Él continuó: "Pero enseguida empecé a observar algunos cambios: comenzaron a ponerse ropa de deporte, las mujeres no habían hecho ni el intento de refrescarse, y las barbas... digamos que los hombres no se habían mirado al espejo antes de reunirnos. Algunos venían preparados con investigación e información que les había encargado que consiguieran, pero otros pusieron excusas para su falta de preparación. Entonces, una o dos semanas después, algunos parecía que acababan de terminar su rutina de ejercicios, con toda la cara sudada. Algunos llegaban tarde a las llamadas, y parecía que muchos de ellos estaban distraídos durante las reuniones. Esperaba que hubiera correos relacionados con nuestro tema de conversación, pero como no añadían nuevas ideas que hubieran tenido durante sus distracciones, estoy casi seguro de que estaban en Facebook, Instagram, Twitter y otras redes sociales… o quizá estaban comprando ropa nueva de deporte o pidiendo comida a domicilio. No sé lo que estaban haciendo, pero… Sam, ¿has oído hablar de la expresión 'poner orden en una jaula de grillos'? En eso se convirtió mi estilo de gestión durante esas reuniones. Era lo único que podía hacer para mantenerlos involucrados en nuestra conversación".

Yo pregunté: "Entonces, ¿encontraste una manera de hacer que este método funcionara?".

Él sonrió: "Sí, me detuve en medio de una de nuestras reuniones y les pregunté: '¿Observan alguna diferencia en cómo nos relacionamos en estas llamadas en línea cuando las empezamos y ahora?'. Tras un incómodo silencio, varios admitieron que no habían estado 'enfocados del todo' después de la primera o segunda semana. Fue una conversación de llamada de atención necesaria para nuestro equipo, y conseguimos mejorar después de ella. No me malentiendas: seguía siendo difícil mantener a todos involucrados, pero al menos habíamos hablado del elefante en la sala".

Después de que este líder compartiera esta historia conmigo, pedí a otros CEO y pastores que me contaran cómo les iba trabajando con sus equipos desde casa. Uno de ellos me dijo: "Cuando repasábamos los puntos normales de nuestra agenda, nuestra llamada estaba más seca que una tostada, así que decidí hacer algo al respecto. Establecí conversaciones de video semanales con dos o tres de ellos a la vez, solo para conectar con ellos persona a persona… sin tareas, ni proyectos, ni reportes, ni presión. Cada vez, solo preguntaba: '¿Cómo te va?'. Y solo escuchaba. No intentaba hacer de jefe que lo arregla todo. Quería ser más un amigo y animador. Ellos necesitaban mi apoyo más de lo que me imaginaba… pero ya sabes, debí saberlo. Debería haberme puesto en su lugar mucho antes de lo que lo hice".

UN LÍDER ME DIJO: "Y SOLO ESCUCHABA. NO INTENTABA HACER DE JEFE QUE LO ARREGLA TODO. QUERÍA SER MÁS UN AMIGO Y ANIMADOR".

Al instante, me di cuenta de que este fue un movimiento de liderazgo brillante. Una semana después, estaba en una llamada con el pastor de una iglesia de Sudáfrica de unas 20.000 personas. Le hablé de la idea que había tenido del líder que sacaba tiempo para conectar con su gente de manera personal, y hablamos sobre la tarea tan enorme que sería para su iglesia hacer algo parecido. Él encontró una estrategia para reclutar y entrenar líderes amables y compasivos, y darles cincuenta personas a las cuales cuidar durante el resto de la pandemia. Llamaban a dos personas cada día para que todos recibieran un punto de contacto al menos una vez al mes. Más adelante me dijo: "Sam, ¡fue asombroso! Estoy seguro de que se nos escaparon algunas personas y no se sintieron cuidadas, pero la gran mayoría de la gente ha reportado que esas conexiones sinceras habían significado mucho para ellos durante este tiempo difícil. Alguien se interesó por ellos personalmente. Ya no eran una estadística, sino que se sentían amados. Esto cambió a la gente de nuestra iglesia, llevándolos de tener resentimiento y conmiseración a ser socios en la aventura de capear la tormenta del COVID-19".

LA SEGUNDA MILLA

Cuando comenzó la pandemia y los pastores solo tenían días para pasar de las reuniones presenciales a hacerlas en el Internet, la mayoría de ellos retransmitieron sus reuniones en vivo a la hora normal. Tenía todo el sentido, ya que la gente estaba acostumbrada a ir a la iglesia a esas horas los domingos en la mañana. Sin embargo, enseguida los pastores pusieron sus reuniones en YouTube y otras plataformas, y la gente comenzó a adorar a la carta a la hora que les venía bien.

De nuevo, esto tenía sentido, pero creo que es una señal de que la gente está menos conectada emocionalmente con el pastor, el grupo de alabanza y la iglesia en general. Ellos hacen clic en la reunión del mismo modo que ven una película en Netflix o a un comediante en YouTube. Por favor, no me malentiendas: me gusta que tengan la iniciativa de adorar en línea, pero el estilo a la carta me dice que la iglesia se está convirtiendo para ellos más en un lujo que en una fuente vital de fe, esperanza y amor. Espero que su gozo se vuelva a encender cuando regresen para adorar juntos en la iglesia.

No deberíamos subestimar la importancia de las conversaciones casuales que tiene la gente antes y después de las reuniones presenciales. Ven a sus amigos, le preguntan a aquel por el que están orando, y tienen contacto visual con personas que tienen creencias y valores similares. En otras palabras, se sienten parte de una comunidad más amplia. Cuando descargan una reunión de adoración en casa, es mucho más difícil impartir ese sentimiento de comunidad, pero es esencial que los pastores y los grupos de alabanza lo intenten.

Los líderes tienen que entrar en el mundo de su gente, compartir sus sufrimientos y luchas con el aislamiento, y compartir esas historias como parte de sus reuniones de adoración a la carta. Por ejemplo, quizá un pastor puede decir: "Como muchos de ustedes saben, John Doe murió la semana pasada. Conocía y amaba a John desde hace muchos años atrás, y lo extrañaré mucho. Tuvimos su funeral el miércoles. Solo estábamos diez personas en la sala; pero sé que un buen número de ustedes se unieron con nosotros en la retransmisión en línea. Es difícil decir adiós a alguien a quien amamos, y para muchos de ustedes fue doloroso decir adiós a través de la pantalla de una computadora. Algún día volveremos a estar juntos, pero por ahora, quiero que sepan que nuestro amor de los unos por los otros no ha disminuido en absoluto; nuestra capacidad de estar en la misma sala ha cambiado, pero nuestro amor no ha cambiado".

Otro pastor compartió con su gente: "Como muchos de ustedes saben, la distancia social y la cuarentena han complicado mucho la vida para mi familia. Mi madre lleva en el hospital una semana. Tiene COVID-19, y hace unos días los doctores le pusieron ventilación. No puedo estar con ella, y eso duele mucho. Voy al hospital; me siento en el estacionamiento y oro por ella. Es lo más cerca que puedo llegar, y por ahora, es lo único que puedo hacer. Gracias por unirse a mí en oración por ella. Significa mucho que ustedes también se interesen por ella".

A veces, los miembros de la comunidad más amplia dan un paso adelante de formas destacables. Un periodista de la CBS describió la historia de John y Jennifer Schollfstall desde un pequeño pueblo en la Indiana rural, donde John era bombero. Cuando se enfermó de COVID-19, Jennifer no podía visitarlo en el hospital. Para estar cerca de John, Jennifer y otros de su familia estuvieron metidos en su automóvil en el estacionamiento del hospital todo el día y toda la noche por varios días. Un día, ella envió un mensaje a uno de los bomberos diciéndole que estaría en el hospital orando por John esa noche, y que si alguien quería acompañarla podía acudir a las 8 de la noche. Esa noche, todos los equipos de bomberos y todos los bomberos de la ciudad aparecieron. Los hombres salieron de sus vehículos y se unieron a Jennifer en una vigilia de oración que duró más de una semana. La mañana del Domingo de Resurrección, cuando el sol salía, Jennifer se estaba comunicando con John en FaceTime cuando él murió. Ella nunca olvidará la amabilidad y la dedicación de esos bomberos.[33]

Este es el tipo de historias que conectan a las personas. Es el tipo de historias que todos tenemos que oír porque conecta con nuestra necesidad más profunda de amor y compasión cuando estamos afligidos.

Jesús dijo: *Y a cualquiera que te obligue a llevar carga por una milla, ve con él dos* (Mateo 5:41). Ese es el espíritu de lo que los líderes tienen que hacer ahora para conectar con su gente. Necesitan que nosotros vayamos más allá de lo que podríamos pensar que es bueno, necesario y normal. Necesitan que proclamemos historias que conecten con sus esperanzas y temores, con su dolor y preocupaciones tan reales, y con su necesidad de que alguien les entienda.

NUESTRA GENTE NECESITA QUE NOSOTROS VAYAMOS MÁS ALLÁ DE LO QUE PODRÍAMOS PENSAR QUE ES BUENO, NECESARIO Y NORMAL. NECESITAN QUE PROCLAMEMOS HISTORIAS QUE CONECTEN CON SUS ESPERANZAS Y TEMORES, CON SU DOLOR Y PREOCUPACIONES TAN REALES, Y CON SU NECESIDAD DE QUE ALGUIEN LES ENTIENDA.

NO MÁS TEFLÓN

Déjame decirte con seguridad que el contenido sigue siendo importante, pero la capacidad de conectar a nivel emocional y personal es más importante que nunca. En tiempos de crisis, las personas no buscan a los líderes audaces, osados y arriesgados que invitan a la gente a seguirlos mientras *cargan contra el infierno con una pistola de agua*. En cambio, están buscando líderes que obviamente sientan lo que ellos sienten y se interesen por ellos. La claridad de dirección sigue siendo importante, pero las personas seguirán si saben que sus líderes conectan con sus emociones más profundas.

El escritor de Hebreos nos asegura: *Porque no tenemos un sumo sacerdote que no pueda compadecerse de nuestras debilidades, sino uno que fue tentado en todo según nuestra semejanza, pero sin pecado* (Hebreos 4:15). Y en su carta a los Filipenses, Pablo explica que Jesús experimentó el sufrimiento para que podamos estar seguros de que Él entiende nuestro dolor: *Haya, pues, en vosotros este sentir que hubo también en Cristo Jesús, el cual, siendo en forma de Dios, no estimó el ser igual a Dios como cosa a que aferrarse, sino que se despojó a sí mismo, tomando forma de siervo, hecho semejante a los hombres; y estando en la condición de hombre, se humilló a sí mismo, haciéndose obediente hasta la muerte, y muerte de cruz* (Filipenses 2:5-8).

Hacemos bien en pasar mucho tiempo enfocados en la divinidad de Jesús, pero no deberíamos olvidar su humanidad. Él no fue distante. Él sintió lo que nosotros sentimos, y experimentó todo el abanico de emociones: se emocionó cuando los discípulos regresaron de su viaje misionero con asombrosas historias, lloró en la tumba de Lázaro, se indignó cuando los discípulos no mostraron compasión hacia los niños, y fue infinitamente amable con personas consideradas marginados culturales.

Algunos hemos intentado con todas nuestras fuerzas que nos perciban como que estamos "por encima de todo", que nunca nos desequilibramos y que nunca dejamos que nadie nos vea sudar. Ese no es el modelo de Jesús en absoluto. Él no fue un líder cubierto de teflón. Él fue profundamente accesible porque las personas sabían que se interesaba por ellos genuinamente. Él entró en el mundo de ellos (¡nuestro mundo!) con fuerza y humildad, con verdad y gracia. Esa es nuestra tarea también como líderes.

Mi esposa Brenda tiene muchas ollas y sartenes en nuestra cocina. En algunas de ellas no se pega la comida, así que son fáciles de usar y limpiar. Pero tiene una vieja sartén de hierro que ha experimentado años de aceite y cuidado. Las mejores comidas salen de esa sartén. A veces, la comida se pega en el fondo y por los lados, pero Brenda rasca las partes tostadas para mezclarlas con lo que está cocinando. En ocasiones, esos pedacitos en la comida resultan ser los más sabrosos.

¿Cuál es tu sabor y el mío? ¿Nos presentamos como de los que no se pegan, o somos una sustancia natural que aporta un sabor más rico? Creo que es el tiempo de que seamos muy reales con nuestra gente, que demostremos que no estamos por encima de ellos. Nos dolemos como ellos, estamos tan confundidos como ellos, y nos duelen las mismas pérdidas que les duelen a ellos. Al revelar nuestras vulnerabilidades, nos ganamos el derecho a decir palabras de esperanza en su desesperación y a arrojar luz en su oscuridad.

CONOCE ESTO; HAZ ESTO

En los tiempos difíciles, la gente mira a sus líderes en busca de empatía, honestidad, claridad y acción. Mientras consideras tu plan de proclamación, aplica estos principios:

1. NUNCA PUEDES COMUNICAR EN EXCESO

En una crisis, muchos tenemos tendencia a comunicar menos porque no estamos seguros de qué decir, pero la gente tiene que oírnos, aunque nuestras palabras reflejen la incertidumbre que estamos sintiendo. Además, cuando están bajo estrés, las personas están distraídas, así que no te escuchan y a menudo oyen lo que quieren oír (o tienen miedo de oír). Algunos niegan las implicaciones del problema, pero otros han entrado en modo pánico total. Cuando piensas que has dicho lo mismo muchas veces, probablemente está bien así.

2. TE ESTÁS COMUNICANDO RACIONALMENTE, PERO SE RECIBE CON LAS EMOCIONES

Como líder, intentas impartir conceptos, principios y procesos, pero muchas de las personas que los están recibiendo están más en sintonía con tu *pathos* que con tu *logos*. Si conectas con ellos emocionalmente, estarán más dispuestos y serán más capaces de oír tu razonamiento.

3. NO PUEDES CONTROLAR LA RESPUESTA DE TU GENTE

Puedes controlar tus decisiones y tus proclamaciones de esas decisiones, pero no puedes controlar la respuesta de tu gente. En una crisis, los líderes tienen que darse cuenta de que la gente parece que tiene algodón metido en sus oídos, ¡y están bastante seguros de que ese algodón está encendido!

SI CONECTAS CON TU GENTE EMOCIONALMENTE, ESTARÁN MÁS DISPUESTOS Y SERÁN MÁS CAPACES DE OÍR TU RAZONAMIENTO.

---

4. DESARROLLA UN PLAN DE COMUNICACIÓN EN CASCADA

Esta práctica es sencilla y eficaz para las decisiones importantes. Comunícate con tu equipo y tu junta de liderazgo, y lleguen a una decisión. Después, toma a uno o más de ellos contigo (en persona o en línea) para compartir la decisión con el siguiente nivel de líderes. Después de eso, toma a uno de los líderes superiores y a uno o más de los líderes de segundo nivel para compartir la decisión con el siguiente nivel. Sigue haciendo eso hasta que sea el momento de compartir la decisión con toda la organización, y quizá el público. En cada etapa, da tiempo a los líderes que ya están a bordo para compartir su entusiasmo con la idea. De esta forma, tanto el concepto como la aceptación de los líderes cae en cascada desde un nivel al siguiente. Y por supuesto, hemos aprendido que podemos hacer que esta cascada vaya más rápido por Zoom u otras plataformas.

5. INCLUSO CUANDO HAY PRISA, ESFUÉRZATE SIEMPRE POR SER CLARO Y PRECISO

En una crisis, siempre cabe el riesgo de que una decisión no salga como habíamos planeado, pero el mayor riesgo es quedar paralizado y no tomar una decisión. Este balance requiere que los líderes sean a la vez humildes y decididos. Podríamos decir: "Teníamos dos días para analizar la situación y tomar una decisión, y esto es lo que estamos haciendo. Vayamos en esta dirección juntos. Estoy seguro de que corregiremos el rumbo por el camino, pero me siento bien por estar tomando la mejor decisión ahora mismo". Cuando jugamos de forma segura dedicando mucho tiempo para tomar una decisión, nuestra intención es tomar una decisión mejor que si la tomamos de forma acelerada, pero la inacción durante una crisis crea más incertidumbre y desconfianza entre aquellos a quienes lideramos.

6. SIGUE CERRANDO EL CICLO DE RETROALIMENTACIÓN

Más que nunca, no des nada por hecho. Revisa con tu equipo de liderazgo para asegurarte de que conocen tu corazón y entienden su parte en las decisiones que se han tomado. A menudo tienen preguntas que no tenían la libertad de hacer cuando estaba la presión para tomar la decisión, y es importante que ellos expresen sus preocupaciones. Y no equipares sus preguntas con la deslealtad. Todos están al límite, y puede que digan cosas que parecen un poco amenazantes. Dales un poco de espacio para ser humanos, y probablemente te devolverán la misma gracia.

Nuestra proclamación ha cambiado. Hacemos menos suposiciones sobre si las personas realmente están oyendo lo que decimos, así que pasamos más tiempo comunicando nuestro corazón a medida que seguimos dando dirección a las personas que lideramos.

PARA RECORDAR

- La comunicación tiene que ver con el contenido; la conexión tiene que ver con las personas.
- Ve la segunda milla para mostrar empatía e interés genuino.
- Supón menos; conecta más.

PARA PENSAR

1. ¿Qué correcciones de rumbo hiciste en tu proclamación a tu equipo y al resto de tu gente durante la pandemia? ¿Qué aprendiste de estas experiencias?

2. ¿Por qué es importante implementar una estrategia para tener interacciones personales con cada persona de tu equipo y a través de ellas con toda la organización? ¿Qué cosas dolorosas podrían ocurrir si no hacemos esto?

3. ¿Qué historias de compasión te han apresado durante la pandemia? ¿Cómo las has usado para compartir tu corazón con tu gente?

4. ¿Te sientes cómodo siendo al menos un poco vulnerable con tu gente? ¿Cuáles son los riesgos y las recompensas?

5. ¿Cuál de los principios de la última sección (Conoce esto; haz esto) tienes que implementar? ¿Qué diferencia marcará?

8

PREPARACIÓN PARA EL CAMBIO

Todos aquí tienen la sensación de que ahora mismo es uno de esos momentos en los que estamos influenciando el futuro.
—Steve Jobs, cofundador de Apple

La planificación y la preparación están relacionadas, pero no son lo mismo. Permíteme ilustrarlo: tú y yo nos vemos inesperadamente en el aeropuerto. Yo me doy cuenta de que estás mirando tu equipaje de mano sobredimensionado, y veo tu ropa interior térmica, los calcetines gordos, un sombrero de lana y una chaqueta de plumas. Mi conclusión es que te has preparado para ir a algún lugar donde hace mucho frío, pero no sé tus planes específicos: la ciudad a la que vuelas, el lugar donde te quedarás, cómo llegarás y cuánto tiempo vas a estar allí. Quizá vas a ver a algunos amigos, quizá vas a ir a esquiar o hacer turismo, y tal vez planeas hacer una dieta vegana todo el tiempo que estés lejos, pero yo no sé todas esas cosas simplemente mirando cómo te has preparado para el viaje. Si te pregunto por el propósito de tu viaje, tú podrías explicarme que necesitas un tiempo retirado y de relajamiento, que visitas a un grupo de amigos cada año, o que te encanta esquiar por el país. El contenido de tu maleta me dice el *tipo* de lugar que vas a visitar, pero casi nada de tus planes *específicos*.

Mientras esperamos nuestros respectivos vuelos, abro mi equipaje de mano, y tú ves un bote de crema bronceadora, un gran sombrero flexible, camisetas, pantalones cortos y chanclas. La forma en que me he preparado te dice que no voy al mismo destino que tú, más bien a uno opuesto. No necesito ropa térmica ni todas las demás cosas que necesitaría en una expedición polar como la tuya.

LA PREPARACIÓN ES AMPLIA Y ESTRATÉGICA, ENFOCADA EN EL QUÉ Y EL PORQUÉ. LA PLANIFICACIÓN ES ESTRECHA Y TÁCTICA, ENFOCADA EN LOS DETALLES DEL DÓNDE, CUÁNDO, QUIÉN, CÓMO Y CUÁNTO.

Si abrieras tu maleta organizacional y me invitaras a echar un vistazo, ¿qué me diría sobre cómo te estás preparando para el futuro? Tu preparación responde a las preguntas *qué* y *por qué*. La planificación se enfoca en los detalles del *dónde, cuándo, quién, cómo* y *cuánto*. La preparación es amplia y estratégica; la planificación es estrecha y táctica. Estos son principios que tenemos que recordar:

- *Nunca hacemos la maleta pensando en dónde hemos estado.*
- *Nunca hacemos la maleta pensando en dónde estamos.*
- *Siempre hacemos la maleta pensando en el lugar a donde vamos a ir.*

Quizá me preguntes: "¿Cuánto tiempo tardaste en *planificar* el bosquejo de este capítulo?".

Yo te diría: "Unas tres horas".

Y tú me preguntarías: "¿Cuánto tiempo tardaste en *prepararte* para este capítulo?".

Y yo te diría: "Ah, ¡unos treinta años!".

La mayoría de las organizaciones están poco preparadas y demasiado planificadas. Dicen que tienen *planes estratégicos,* pero en realidad han empleado sus energías en los asuntos tácticos y no han pensado mucho en las preguntas más amplias y en las respuestas que hacen mucho más a la hora de moldear su futuro. Creo que esa es la salida fácil. No es difícil *conectarse y jugar,* ubicar a las personas en sus puestos, repartir tareas, destinar recursos y decidir fechas límite. Es mucho más importante explorar los asuntos más grandes de *qué vamos a hacer* y *por qué existimos*. ¡No subestimes estos aspectos! Si entendemos bien esto y la gente de nuestros equipos de liderazgo entiende la importancia de *qué* y el *porqué,* todos los asuntos tácticos tendrán más sentido y la gente estará más motivada para conseguirlos.

TRES CONCEPTOS ESENCIALES

En el año pasado aproximadamente, la mayoría de los líderes han tenido que volcar el contenido de su equipaje de mano organizacional en el piso y volver a hacer la maleta. No han podido darse el lujo de asistir a una conferencia de alto nivel sobre la filosofía del liderazgo. En cambio, tuvieron que averiguar las cosas al momento. Voy a compartir tres conceptos que te ayudarán a prepararte: esperanza para el futuro; repensar el qué y el porqué; y planificación después de la pandemia.

1. ESPERANZA PARA EL FUTURO

Al margen de la incertidumbre que hayas sentido durante la pandemia, tú has cambiado. Casi con toda certeza, eres un mejor líder hoy que el que eras el 1 de enero de 2020. Has enfrentado confinamientos y cierres, locura y crítica. Has sufrido estrés, y la presión te ha hecho más fuerte. Has aprendido a pensar de forma más estratégica, a amar con más ferocidad, a estar presente cuando querías correr a esconderte, y a liderar en medio de la adversidad.

Has aprendido lecciones importantes, y aunque ninguno de nosotros quiere pensar aún en ello, necesitaremos más lecciones cuando nos encontremos con la *siguiente normalidad.*

Sí, ese es el término correcto. Solíamos hablar de una *nueva normalidad* como si eso fuera el punto final del cambio, pero si hemos aprendido algo en los meses pasados, es que el cambio es perpetuo, y tenemos que anticipar el siguiente que aparecerá por el horizonte. Será un nuevo comienzo, y para los líderes de iglesias será reformular el modo de hacer iglesia.

HAY ALGO EN ESTAR JUNTOS EN EL FRAGOR DE LA BATALLA QUE IMPARTE MAYORES LECCIONES DE LIDERAZGO QUE CUALQUIER OTRO ENTORNO.

Una crisis es como un terremoto. Sacude nuestra confianza en nuestra producción (el qué), nuestros procesos (el cómo) y nuestra gente (el quién). Has observado que algunas personas en tu organización han estado a la altura de los desafíos. Quizá no habías visto su potencial antes de la pandemia, pero de algún modo, la presión sacó lo mejor de ellos. Los ves con nuevos ojos, y les estás ubicando en roles donde pueden hacer el mayor bien. El desarrollo de liderazgo quizá no había estado en tu lista de quehaceres durante el COVID-19, pero hay algo en estar juntos en el fragor de la batalla que imparte mayores lecciones de liderazgo que cualquier otro entorno. Pero, por supuesto, te ha sorprendido que algunas personas no hayan mostrado el valor y la creatividad que tú esperabas ver en ellas. La sacudida del terremoto ha revelado algunas estrellas sorprendentes, pero también ha expuesto a otros que no han contribuido mucho. Tú eres distinto, y la gente a tu alrededor también es distinta.

Has tenido que identificar nuevas formas de hacer las cosas. Ya usabas la tecnología antes, pero rápidamente encontraste maneras de usarla con mucha más eficacia. En este proceso, optimizaste tus sistemas y estructuras, deshaciéndote de tu antigua gráfica organizacional y creando otra con base en la gente que se ha vuelto esencial para tu misión.

Durante el resto de tu carrera estarás preparado para nuevos puntos de inflexión. Espero que no sean tan dramáticos o amenazantes para la vida como una pandemia, pero los científicos nos dicen que el siguiente es inevitable, así que será mejor que estemos preparados. Hay muchos otros puntos de inflexión que te fuerzan a pensar con más creatividad y a actuar con más valentía. Los cambios demográficos, las tensiones raciales, la agitación económica, las enfermedades o accidentes trágicos, y otros desastres imprevistos podrían producirse gradualmente o en un instante, pero ya no te sorprenderán de una forma tan terrible. Ahora estás preparado.

2. *VUELVE A PENSAR EN EL* QUÉ *Y EL* PORQUÉ

En medio de una crisis, solo queremos sobrevivir: personal y organizacionalmente. De manera instintiva priorizamos los problemas acuciantes para determinar cuáles son urgentes y se deben tratar ahora; cuáles están fuera de toda esperanza; y cuáles pueden esperar a mañana. Pero cuando la presión remite y tenemos tiempo para meditar, de manera intuitiva nos preguntamos de qué se tratan nuestras vidas y por qué hacemos lo que hacemos. Estas son las preguntas estratégicas para nosotros como individuos y para nuestras organizaciones.

En tiempos "normales" es fácil poner nuestro liderazgo en piloto automático. Instituimos algunas nuevas ideas, afinamos nuestros procesos, y básicamente vamos de oportunidad en oportunidad. Pero una crisis sacude nuestro equilibrio. Buscamos desesperadamente personas que puedan ponerse a nuestro lado y compartan la carga. Observamos a quienes tienen experiencia técnica y pueden sacar adelante lo imposible en pocos días, y nos damos cuenta de que algunas de nuestras personas tienen una compasión abundante por los que sufren. Ellos son el pegamento de nuestras organizaciones.

EL PEGAMENTO QUE MANTIENE UNIDAS A NUESTRAS ORGANIZACIONES SON LAS PERSONAS CON LA EXPERIENCIA TÉCNICA DE SACAR ADELANTE LO IMPOSIBLE EN POCOS DÍAS Y LOS QUE TIENEN UNA COMPASIÓN ABUNDANTE POR OTROS.

Esta crisis ha sacado a la luz lo que estaba ahí todo el tiempo. No podemos esconderlo más, y nuestras excusas suenan huecas. En un artículo titulado "En una crisis, los valores importan", Richard Ades explica:

> Toda crisis manifiesta información que proporciona una ventana hacia el carácter de una empresa. Transparencia, integridad y decencia brillarán a través de ella. Por el contrario, todo el entrenamiento y la preparación que el dinero puede comprar no supera a una cultura de arrogancia, avaricia o indiferencia. El hecho es que todas las crisis vienen y se van. Cómo salen las organizaciones cuando esto termina, depende en gran medida de sus valores esenciales.[34]

Moldear una cultura corporativa no es tarea fácil, pero es esencial. La crisis ha proporcionado una oportunidad de oro para evaluar, hacer preguntas difíciles, identificar puntos débiles, y dar pasos para crear una organización de la que todos los que la conforman puedan estar orgullosos. Ades escribe:

> Afectar la cultura requiere esfuerzo, y comienza con que el liderazgo aborde la realidad. Las empresas tienen que indagar en su propia cultura y entender cómo los valores de una empresa desarrollan sus políticas, dirigen la conducta de su gente y aclaran el propósito. La cultura de una empresa siempre es un trabajo en progreso. Necesita una atención constante. Una empresa que tiene unos valores fuertes y relaciones honestas con sus accionistas y clientes será más eficaz y resistente en una crisis, no solo por su buena voluntad residual, sino también porque hay un claro sentido de propósito.[35]

3. PLANIFICACIÓN POSPANDEMIA

Ahora pasemos a los elementos básicos. Cuando leas estas palabras, espero que el virus esté controlado y empresas, escuelas e iglesias estén funcionando normalmente, etc. Pero nuestros rápidos giros durante la pandemia nos han enseñado los pros y contras del cambio rápido. Al pensar en las preguntas tácticas de *quién, cómo, cuándo* y *cuánto,* aplica los principios que aprendiste durante los confinamientos, como:

- Integra la tecnología en toda tu organización, desde la comunicación interna hasta el mercadeo.
- Eleva a tu equipo de liderazgo al menos a un experto en tecnología.
- Reestructura tu gráfica organizacional para que refleje las nuevas realidades de tus sistemas de entrega.
- Evalúa el flujo de entrada y salida de tu organización.

Quizá has ganado algunas personas que se conectaron contigo en línea, pero sin duda alguna también perdiste a otros. Quizá estén muy cómodos estando en línea y lejos de tus oficinas centrales, almacén o iglesia, y la conveniencia significa que casi con toda certeza buscaron las páginas web de otras empresas, iglesias y organizaciones sin fines de lucro. Tendrás que recordarles tu proposición de valor para que estén motivados a quedarse contigo, o a regresar si se fueron.

- Probablemente tendrás reuniones más cortas.
- Probablemente tendrás menos reuniones.

- Incorporarás maneras de conectar más significativas con personas de tu equipo y con toda tu organización. (¡La compasión y la autenticidad nunca se pasan de moda!)

BARRICADAS Y OBSTÁCULOS

Prepararte para el futuro de tu organización puede que sea lo último que quieras abordar ahora mismo. Lo entiendo. La presión de liderar durante la pandemia ha agotado prácticamente a cada líder que conozco, ¡y conozco a muchos líderes! Es útil, sin embargo, echar un vistazo con detenimiento al porqué las organizaciones fracasan en sus esfuerzos por hacer cambios importantes en los procesos y productos. Un estudio de una organización de consultoría descubrió que los esfuerzos por gestionar el cambio fallan principalmente en la fase de ejecución. Los líderes por lo general tienen análisis y planes adecuados, y comunican esos planes bastante bien, pero cuando piden a la gente que cambien lo que están haciendo (y pensando), se encuentran con más resistencia de lo esperado. La conclusión del estudio es que los líderes eran excesivamente optimistas con respecto a cómo lo aceptaría su gente. Tim Hurd, director ejecutivo de la empresa que llevó a cabo la encuesta, destaca:

> Ya sean grandes o progresivos, muchas empresas están iniciando cambios, desde transformar sus modelos de negocio hasta actualizar sistemas de negocio y buscar maneras de mejorar la productividad. Aunque el cambio nunca es fácil para una empresa, es incluso

> más duro para los empleados… Las personas se preocupan de forma natural por lo que la transición significará para ellos. Para impedir rumores, resentimiento y estrés, los gerentes deben poner al día a su equipo rápida y continuamente, no solo sobre los elementos básicos del cambio, sino también sobre cómo se espera que los miembros del equipo contribuirán y, finalmente, se beneficiarán de ello.[36]

El estudio también reveló que la fase de implementación es solo el inicio de un procedimiento más largo para engranar los nuevos procesos en los sistemas y el pensamiento de las personas. La comunicación continuada, con historias inspiradoras y buen entrenamiento es esencial para que el cambio se arraigue y crezca. De forma similar, el experto en liderazgo Brent Gleeson ha escrito "La razón número 1 por la que la mayoría de los esfuerzos para gestionar el cambio fracasan". Él cita un reporte de McKinsey & Company que afirma que el 70 por ciento de todas las transformaciones corporativas fracasan. Hay muchas razones, pero esta es la más significativa: él lo llama "fatiga de combate por el cambio", que describe como "el resultado de muchos elementos, como que los errores del pasado inunden las mentes de los empleados y los sacrificios que hicieron durante el arduo proceso de cambio… Cuando los esfuerzos de cambio han fallado en el pasado, la gente a menudo se muestra cínica. Empiezan a musitar en voz baja: 'Ya vamos de nuevo…' o 'Aquí está otra vez…' o, como un gerente medio me dijo una vez: 'Estamos de perfil bajo hasta que esta moda pase al olvido'". Gleeson es un antiguo Navy SEAL cuyo brutal entrenamiento le ha enseñado mucho sobre la resistencia. Él destaca que los mejores soldados han sido equipados mental, física y relacionalmente para aguantar cuando los tiempos son difíciles, pero no siempre es un trabajo monótono. Para vencer la fatiga de combate por el cambio, él recomienda que los líderes hagan dos cosas: identificar y celebrar los primeros éxitos (lo que propulsa la motivación) y crear experiencias que apoyen la visión del futuro, lo que da a la gente esperanza y tenacidad.[37]

Mi libro *Piensa diferente, vive diferente* describe el tiempo frecuentemente difícil e incómodo entre la visión inicial del líder y su cumplimiento, lo que llamo "el confuso intermedio". Permíteme incluir un par de párrafos que ciertamente tienen que ver con las presiones de liderar durante y después de una crisis:

> Muchos líderes han observado que la parte más dura del viaje hasta alcanzar sus sueños no es el comienzo ni el final. El comienzo está lleno de energía, esperanza y entusiasmo, y el final es una gran celebración, a veces acompañada de agotamiento. La parte de en medio es el problema. Es el tiempo en el que el entusiasmo ha decaído y han surgido las dificultades. Las personas, a veces líderes, se preguntan si están en el camino correcto, si lo conseguirán, y si vale la pena todo el esfuerzo. Ya se ha empleado una cantidad tremenda de esfuerzo y dinero, pero el sitio nuevo aún

no se ha abierto, el nuevo producto aún está en desarrollo, el nuevo *software* aún tiene fallos, aún no se ha recaudado el dinero, y la gente se pregunta si el líder está haciendo algo. Al comienzo, todos estaban motivados. Al final, habrá una fiesta. Pero en el medio, los líderes hábiles saben que necesitan continuamente inyectar nueva motivación porque se han atrofiado y necesitan celebrar cada paso gradual para que la gente no pierda el enfoque...

El ambiguo intermedio puede ser un lugar peligroso. Si no prestamos atención, el desánimo nos puede robar el entusiasmo, y después la apatía y la confusión se introducirán en nuestro estilo de liderazgo y nuestras organizaciones, y perderemos nuestro filo. La mayoría de las empresas e iglesias que fracasan comienzan a morir unos dos años antes de que haya síntomas obvios de declive. Como un árbol con hongos en sus raíces, lo visible puede seguir pareciendo saludable mientras la enfermedad lo está matando. Las organizaciones fuertes y vibrantes están lideradas por personas que regularmente podan las partes muertas o en proceso de morir, fertilizan a menudo para estimular el crecimiento, y continuamente añaden el agua de la visión y el ánimo. Crean una cultura que puede soportar ciclos de altibajos, expandir y profundizar el canal del liderazgo, e introducir entusiasmo fresco a través de una visión del futuro renovada.[38]

ACEPTAR LA PREPARACIÓN CONTINUA

Algunos prosperamos con los cambios asociados con el cambio transformacional, pero la mayoría nos sentimos mucho más cómodos haciendo solo cambios progresivos al modo en que han sido las cosas. Por fortuna para el primer grupo y para asombro del segundo, el cambio se está acelerando en prácticamente todas las facetas de nuestra vida. En un artículo de *Bloomberg* sobre la velocidad del cambio creado por la tecnología, Barry Ritholtz observa: "A veces damos por hecho lo que tenemos delante de nuestras narices colectivas. La destrucción creativa causada por la tecnología es tan incontrolada que es prácticamente un cliché. Es fácil ignorar no solo la velocidad a la que la alteración causada por la tecnología está afectando a la sociedad, sino también la aceleración en el ritmo del cambio. Esta aceleración y sus efectos sobre mercados, empresas y trabajo [y una de cada dos organizaciones] son asombrosos".[39]

Una expresión en boga que ha estado apareciendo recientemente en numerosos artículos es ágil. A las organizaciones con sistemas y estructuras rígidos les ha costado mucho girar de modo rápido y eficaz durante la pandemia, pero las que son flexibles y rápidas han respondido mucho mejor. Las organizaciones ágiles se pueden adaptar a un entorno cambiante. Estas empresas, organizaciones sin fines de lucro e iglesias tienen líderes que han empoderado a sus equipos para tomar decisiones rápidas, admitir cuando se han equivocado y aprender de los errores, y mantenerse enfocados en el propósito, tanto en los buenos como en los malos tiempos. Han desarrollado una cultura que prospera con la innovación y vive las dificultades como retos en lugar de desastres.

LAS ORGANIZACIONES ÁGILES HAN DESARROLLADO UNA CULTURA QUE PROSPERA CON LA INNOVACIÓN Y VIVE LAS DIFICULTADES COMO RETOS EN LUGAR DE DESASTRES.

El general James Mattis ha trabajado en varios roles militares altos, incluyendo la Secretaría de Defensa. En una conversación con McKinsey & Company, dijo que las organizaciones necesitan operar "a la velocidad de la relevancia". Se refiere a que la relevancia es una diana móvil en nuestra cultura: las formas en las que operábamos hace solo una década han cambiado, y el cambio no aminora. Nuestra tarea como líderes es anticipar el cambio, aceptarlo, inculcar un sentimiento de optimismo riguroso en nuestra gente, y darles espacio para intentar cosas nuevas para cumplir con los desafíos siempre cambiantes.

No, probablemente no tendremos pandemias consecutivas, una tras otra y tras otra, pero aun así nos veremos ante una gran cantidad de cambios. Enfócate en prepararte tú y preparar a tu gente, y observa cómo prosperan.

PARA RECORDAR

- La preparación es estratégica; la planificación es táctica.
- La mayoría de las organizaciones sufren de planificación excesiva y falta de preparación.
- Las organizaciones ágiles son el futuro.

PARA PENSAR

1. ¿Qué vería yo si mirara tu maleta organizacional? En otras palabras, ¿para qué estás preparado?

2. ¿Te inspira o te desanima que te pidan volver a pensar en el *qué* y el *porqué*? Explica tu respuesta.

3. ¿Qué valores ha sacado a la luz la pandemia en ti y en tu organización? ¿Cómo han salido a la superficie? ¿Cuáles son positivos y animan, y cuáles son… bueno, no lo que tú esperabas ver? ¿Cómo puedes acentuar lo positivo y superar lo demás?

4. ¿Qué pasos tienes que implementar en tu planificación pospandemia?

5. ¿Cómo describirías la "fatiga de combate por el cambio"? ¿En qué medida está en tu organización? ¿Cómo lo sabes?

9

CUIDADO PERSONAL EN TIEMPOS CAMBIANTES

Cuando enfrentas una crisis,
sabes quiénes son tus verdaderos amigos.
—Magic Johnson, jugador de baloncesto del Salón de
la Fama de la NBA

En los primeros meses de la pandemia observé que incluso líderes increíblemente dotados y eficaces lo estaban pasando mal. Parecían perder el enfoque porque estaban siendo bombardeados por muchos cambios y muy rápidos, parecían perder la concentración porque estaban mental y físicamente agotados, y parecían perder confianza en su capacidad para comunicarse con claridad porque no estaban seguros de qué decir. Por un tiempo, supuse que estos problemas estaban directamente relacionados con la alteración organizacional, pero a medida que continuaban estas conversaciones me di cuenta de que la fuente de su confianza sacudida se debía a que sus familias tenían nuevos problemas que estos líderes no podían resolver. Estaban preocupados por su cónyuge, hijos, nietos y padres ancianos.

Estos líderes estaban pasando mucho más tiempo en casa con llamadas de Zoom, lo cual de alguna forma era muy conveniente, pero se sentían divididos entre las crecientes demandas de su trabajo y las necesidades presenciales de su familia. Sus cónyuges esperaban que ellos fueran más atentos porque estaban en casa; sus hijos a menudo tenían problemas con sus clases en el Internet, extrañaban a sus amigos y tenían cambios de humor; y no podían visitar a sus padres, quienes sufrían la larga aflicción de la soledad. Estos líderes solían poder segmentar y compartimentar su trabajo y su vida en casa, pero ahora no, ya que tenían que hacer malabares todo el día, cada día... y las bolas pesaban más que nunca.

Las demandas del trabajo se multiplicaron. Se esforzaban mucho por mantener el contacto con sus equipos, pero sin las interacciones informales que a menudo identificaban y resolvían problemas, se estaban perdiendo más cosas. Las personas de sus equipos tenían el mismo tipo de estrés, y los miembros de su familia tiraban de ellos en varias direcciones, así que todos estaban al borde del precipicio, con más preguntas y menos respuestas rápidamente disponibles.

Y las personas que amaban estaban enfermas, y algunas habían muerto. La tristeza se agravaba porque los funerales estaban limitados a solo unas cuantas personas. Las bodas se pospusieron, las graduaciones eran virtuales, las puertas de las iglesias estaban cerradas y las vacaciones eran esporádicas o se cancelaban.

PROFUNDOS MORATONES MUSCULARES

Yo comparo el dolor experimentado por estos líderes con un profundo moratón muscular. La mayoría de los moratones se producen por golpes, y causan pequeños sangrados justo debajo de la piel, lo que deja el área *negra y azulada*. Pero un moratón profundo en el muslo, los gemelos, el hombro, el brazo u otra parte del cuerpo con gran masa muscular quizá ni siquiera salga a la superficie, o si lo hace, es a una escala muy tenue, pero el área está extremadamente blanda y el dolor es intenso. A veces, un esguince (daño en el tendón) está asociado con la lesión muscular, y la recuperación tarda aún más tiempo.

Hace un par de años atrás, Brenda y yo tuvimos en un accidente de tráfico. Diría que salimos caminando, pero eso no sería preciso del todo. Salimos *cojeando*. Ambos nos rompimos el esternón, en el pecho, así que cada respiración dolía más de lo que nos podíamos imaginar. Durante una semana o dos, ambos sentíamos un dolor agudo en varias partes de nuestro cuerpo al movernos. Incluso después de un mes nos seguían doliendo algunos músculos que continuaban estando muy blandos por mucho tiempo. Como seres que pensamos y sentimos, tenemos una aversión natural al dolor, así que en esas semanas teníamos mucho cuidado y nos movíamos lentamente protegiéndonos de cualquier posible lesión. Creo que puedo hablar por los dos al decir que de algún modo nos obsesionamos con el hecho de evitar más daño en nuestro cuerpo. Antes del accidente, raras veces pensábamos en evitar un poste, un marco o la pata de una mesa, y nuestra mente no estaba consumida con lo que haría el auto que venía hacia nosotros. Pero el dolor tiene su forma de hacer dos cosas aparentemente opuestas a la vez: distraernos y captar nuestra atención; distraernos de nuestros deseos, metas y deleites normales, y captar nuestra mente para pensar en los *y si*, *qué puede ocurrir*, y *si tan solo*. El evento y el dolor que experimentamos crearon una ansiedad crónica que no remitió hasta bien pasado el proceso de sanidad.

MUCHOS LÍDERES AÚN SIGUEN CAMINANDO CON UNA COJERA MENTAL, LES CUESTA SENTARSE EN SU SILLA CON AUTORIDAD Y CONFIANZA, Y ESTÁN PREOCUPADOS CON EL HECHO DE EVITAR VOLVER A SUFRIR UN DAÑO.

Durante la pandemia, el alma de todos los líderes fue golpeada, y muchas aún no han sido sanadas. Siguen caminando con una cojera mental, les cuesta sentarse en su silla con autoridad y confianza, y están preocupados con el hecho de evitar volver a sufrir un daño. Sus márgenes emocionales y relacionales han desaparecido, así que están más irritables; pensamientos de ansiedad corren por su mente, sus hábitos de comida y sueño han cambiado, y están híper alertas al imaginarse *lo siguiente malo* que les sucederá. Están tan enfocados en sí mismos que ya no pueden leer bien a la gente, raras veces se ríen, y están seguros de que la naturaleza divisiva de nuestra cultura actual de cancelar se filtrará en sus equipos de liderazgo y los separará.

La salud del líder determina la salud y el crecimiento de la organización. De hecho, en mis charlas con líderes por todo el país y por todo el mundo he observado que los líderes que estaban saludables antes de la pandemia han capeado la tormenta bastante bien. Tenían relaciones positivas con su cónyuge y sus hijos, tenían estabilidad económica, manejaban el conflicto siendo a la vez directos y pacientes, y disfrutaban de sus equipos. Pero los que no estaban muy saludables en una o más de estas áreas han sucumbido bajo la presión. Como hemos visto, la crisis no hizo que la gente esté saludable o no, sino que solo ha revelado lo que ya existía. Durante la pandemia, los líderes se quedaron sin un lugar donde esconderse.

MIRAR DEBAJO DEL CAPÓ

Es instructivo analizar las presiones que hemos experimentado. Ninguna de ellas llegará de sorpresa, pero es útil verlas todas juntas. Echemos un vistazo rápido debajo del capó.

SALUD MENTAL

Los síntomas de depresión y ansiedad han aumentado considerablemente durante la pandemia. De hecho, un reporte del CDC mostró que, antes de la pandemia, el 11 por ciento de los adultos mostraban síntomas de depresión y ansiedad.[40] En noviembre de 2020, el número subió a más del 37 por ciento.[41] Además, la presión de la pandemia ha conducido a un aumento del 36 por ciento en trastornos del sueño, un 32 por ciento de aumento de consumo de alcohol y un 12 por ciento de empeoramiento de enfermedades crónicas.[42]

SALUD FÍSICA

Podríamos pensar que trabajar desde casa ha dado a la gente más tiempo para hacer ejercicio, pero no ha sido siempre el caso. Dos estudios revelaron un aumento de entre el 26 y el 60 por ciento en sedentarismo, con la cifra más alta reflejando el impacto de la pandemia sobre los que estaban más activos antes del COVID-19. La conducta sedentaria ha aumentado la ingesta y ha disminuido la quema de calorías, lo que ha dado como resultado un considerable aumento de peso para muchas personas;[43] algunas otras ingeniosas dicen que "han ganado su COVID-19".

SALUD RELACIONAL

El aislamiento, y el aislamiento parcial al "reunirnos" en línea, han trastornado cómo nos conectamos con amigos, familiares y compañeros de trabajo, pero la noticia no solo es lúgubre. Los investigadores de la Universidad de Georgia lanzaron un estudio del que su líder, el profesor Richard Slatcher, destacó: "Muchas personas se sentirán muy aisladas, tanto física como psicológicamente, pero otras quizá se sientan más conectadas con sus familias, vecinos o redes sociales. De hecho, desde que lanzamos nuestro estudio ya hemos oído a algunas personas reportar que se sienten más conectados a otros de lo que normalmente se han sentido".[44]

Una compañera del estudio, Giulia Zoppolat de Vrije Univesiteit de Ámsterdam, destacó: "La forma en que las personas están conectando durante este tiempo es increíblemente emotiva, y no a pesar de la pandemia, sino debido a ella. Somos seres inherentemente sociales, y este profundo deseo de conexión se vuelve bella y dolorosamente obvio en tiempos como estos".[45]

Las presiones de la pandemia han hecho que la gente se vuelva impaciente con nosotros mientras lideramos. Quizá fueron críticos antes, pero ahora nos da miedo mirar las redes sociales y ver lo que la gente dice de nosotros. Me encanta la cita de Casey Stengel, el legendario mánager de los Yankees de Nueva York durante los días de gloria en los años cincuenta: "El secreto de la gerencia es mantener a los tipos que te odian lejos de los tipos que no están decididos". ¡Un gran consejo para todos nosotros!

SALUD ESPIRITUAL

Es fascinante que algunas de las organizaciones seculares más respetadas del mundo reconozcan la importancia de tener una vida espiritual fuerte y vibrante a medida que los líderes luchan con los desafíos de la pandemia. Por ejemplo, en un artículo de *Korn Ferry*, Daniel Goleman, el autor del éxito de ventas *Inteligencia emocional*, observa que la pregunta "¿Qué importa realmente?" es "una búsqueda existencial que tiene más importancia hoy para todos nosotros: al enfrentar la ausencia de algo (o, en este caso, de muchas cosas), somos más conscientes de cuán importante es en verdad lo que nos importa a nosotros. Nuestro sentido de propósito podría ser no solo algo en lo que meditamos en estos días, una idea adicional para nuestro bienestar físico y mental. Hay razones para creer que nos beneficiaríamos al concentrarnos en ello".[46] Un artículo publicado por el Instituto Nacional de la Salud asegura que la salud espiritual da a las personas "una inmunidad más profunda" para luchar contra el COVID-19.[47]

El Sistema de Salud de la Clínica Mayo ofrece este consejo:

> El COVID-19 está haciendo que muchos de nosotros pensemos en cómo estamos empleando nuestro tiempo. Anteriormente, gran parte de nuestra vida la empleábamos en múltiples actividades. Somos seres humanos sociales y ocupados por naturaleza, así que este tiempo a solas es como una nueva novela para todos nosotros. Uno se pregunta si la distancia social podría convertirse en la nueva normalidad, así que programar tiempo para edificar la vida espiritual puede convertirse en parte del cambio para llenar el vacío de la soledad. Concéntrate en tareas y cosas que

> te aporten satisfacción y aumenten el gozo y la paz, particularmente las que hacen que tu vida espiritual crezca, en lugar de tan solo hacer actividades que llenen el tiempo.[48]

Y un artículo que aparece en la página web de Harvard Divinity School sugiere: "En la paz repentinamente alterada de nuestra vida, quizá descubramos la quietud que todos anhelamos, la quietud de la que fluye toda la verdadera sabiduría y justicia. Lo que amamos, en lugar de lo que tememos, podría aclararse, y justo a tiempo".[49]

En la dificultad de tener que tomar decisiones rápidas y experimentar dudas internas y retrocesos externos, es importante mantenernos íntimamente conectados con la única fuente verdadera de estabilidad, sabiduría y gozo.

EN LA DIFICULTAD DE TENER QUE TOMAR DECISIONES RÁPIDAS Y EXPERIMENTAR DUDAS INTERNAS Y RETROCESOS EXTERNOS, ES IMPORTANTE MANTENERNOS ÍNTIMAMENTE CONECTADOS CON LA ÚNICA FUENTE VERDADERA DE ESTABILIDAD, SABIDURÍA Y GOZO.

SALUD ECONÓMICA

Mientras escribo estas palabras, los ricos se han hecho más ricos durante la pandemia, pero la desigualdad de ingresos ha aumentado. A los que ya les iba bien están viendo aumentar sus carteras de valores, pero millones de personas están esforzándose por poder poner comida en la mesa para sus familias. Aunque te encuentres en la primera categoría, tienes al menos algunas conexiones con personas en el otro lado del abanico. Para los que están intentando aguantar en este tiempo difícil de desempleo y gastos sostenidos, presupuestar es especialmente importante. Para todos nosotros, nuestra generosidad marca una diferencia visible y tangible en las vidas de las personas que están batallando. Y los líderes quizá están preocupados por cómo toda la disrupción de la pandemia está afectando, y seguirá afectando, a sus empleados, sus procesos y sistemas, y su balance.

La pregunta, por lo tanto, es: ¿cómo pueden los líderes reconstruir el margen y restaurar la salud en cada aspecto de sus vidas? Me alegra que lo hayas preguntado.

ENCUENTRA UN AMIGO

Las relaciones nos hieren, y las relaciones nos sanan. Dios nos ha hecho así para que solo operemos bien cuando damos y recibimos amor. Necesitamos al menos una persona que no huya o se ría cuando compartimos nuestros secretos más profundos, que escuche con atención, que nos hable con sabiduría y gracia, que guarde secretos y que nos acepte como somos, no como deberíamos ser. ¿Tienes a alguien así?

Las personas que saben escuchar tienen un poderoso impacto sobre otros. Recuerdo que, cuando era pastor y la gente venía a contarme un problema, a menudo hablaban durante cincuenta y cinco minutos a lo largo de la hora que teníamos juntos. Yo asentía, diciendo: "Bien" unas cuantas veces, y esporádicamente decía: "Siento mucho lo que te ha pasado" o "Cuéntame más sobre eso". Al final de nuestro tiempo, prácticamente no había dado ningún consejo, ningún análisis y ninguna palabra de sabiduría, pero ellos a menudo se iban diciendo: "¡Me ha sido muy útil este rato! Muchas gracias. ¿Puedo regresar la semana que viene?".

Los líderes del antiguo Israel y Judá identificaron seis ciudades como "ciudades refugio", donde la gente que había matado a alguien accidentalmente podía ir en busca de asilo. Eran lugares seguros donde la gente podía ir.

¿Quiénes son las personas que te dan *un espacio seguro para que seas tú mismo?*

Durante la pandemia, cuando muchas iglesias vieron descender sus contribuciones, recibí un correo de un pastor. Decía: "Sam, hoy sucedió algo asombroso. Una señora entró en mi oficina y me entregó un cheque de cien mil dólares. No creo que ella tenga ni idea de lo mucho que necesita nuestra iglesia este dinero. Quiero gritar de agradecimiento desde lo alto del tejado de la iglesia, pero me da miedo que otros pastores de nuestra zona no aprecien que recibamos un donativo tan sustancial… uno que ellos no han recibido. Sam, eres la única persona a la que le puedo contar esta maravillosa noticia".

La Biblia nos dice: "*Gozaos con los que se gozan; llorad con los que lloran*" (Romanos 12:15). He descubierto la extraña paradoja de que hay multitud de personas que llorarán con nosotros, pero podemos contar con los dedos de una mano a los que se alegrarán de verdad con nosotros. Piénsalo de este modo: si un familiar rico muriera y te dejara 50 millones de dólares, ¿a quién se lo dirías? Probablemente no te sentirías cómodo contándoselo a todo el que conoces porque quizá respondan buscando que les des un donativo, o con una mueca que parece decir *¿Por qué tú y no yo?* Pero, por otro lado, si tuvieras un accidente de tráfico y te rompieras la pierna, pondrías fotos en las redes sociales y dejarías que todos supieran lo que te ha ocurrido. Si tu casa se incendiara, enviarías un mensaje, un correo o informarías a la gente y quizá te darían un lugar donde quedarte durante una o dos semanas.

Esto no es solo teoría para mí. Cuando Brenda y yo terminamos de pagar la hipoteca de nuestra casa hace algunos años atrás estábamos muy emocionados; pero al instante nos dimos cuenta de que las únicas personas que podían disfrutarlo plenamente con nosotros eran nuestras hijas, Rachel y Debbie. Para nosotros era una celebración; pero otros podrían haber visto nuestra alegría como una fanfarronada, o podrían haber supuesto que no éramos considerados con quienes lo están pasando mal económicamente.

Como líderes, necesitamos un amigo o dos que no sean celosos o se vean amenazados por nuestras mayores alegrías, y estos son muchos menos que aquellos que compartirán nuestras dificultades. Si creemos que estamos completamente seguros con alguien, nos sentiremos invitados a compartir todas nuestras esperanzas y temores, triunfos y tragedias, bendiciones y luchas.

PUNTOS DE REFERENCIA

Veamos algunas preguntas de diagnóstico que nos ayuden a medir la calidad de nuestras amistades.

TUS RELACIONES MÁS IMPORTANTES, ¿SON TRANSACCIONALES?

Algunos líderes han ascendido hasta sus puestos porque demostraron que pueden formar fuertes relaciones en sus equipos y animarlos a dar lo mejor de cada uno, pero otros son la típica personalidad Tipo A: determinados, tenaces y demandantes. He conocido a algunos líderes cuyas conexiones con la gente, incluso con sus propios familiares, eran enteramente transaccionales, basadas en beneficio personal. Estaban ahí solo por ellos mismos, y a cada persona se le valoraba solo si contribuía a los logros del líder. Por supuesto, las relaciones transaccionales son perfectamente válidas cuando haces la compra, cuando llenas el tanque en la gasolinera y cuando recoges la ropa de la lavandería. Podemos hacerles comentarios superficiales amables, pero estamos conectando con esas personas principalmente por nuestro beneficio personal. No hay nada de malo en eso.

Pero algo va terriblemente mal si el egoísmo es el factor principal en nuestras relaciones más importantes. Cuando esto ocurre, las personas se sienten usadas ¡porque *están* siendo usadas! Las conexiones con familiares y amigos son algo más que acuerdos comerciales; se supone que deben ser fuentes de consuelo, entendimiento, validación y gozo, pero muchas no lo son. Algunas relaciones en casa y en el trabajo son poco más que una tregua de batalla; ambas partes están esperando a que el otro dispare primero, y la guerra volverá a escalar rápidamente. Cuando somos transaccionales en nuestras relaciones importantes, queremos ganar en cada conflicto o desacuerdo; cuando somos relacionales, trabajamos mucho para resolver el conflicto a fin de que ambas partes se sientan comprendidas, afirmadas y apreciadas.

¿CUÁLES SON LAS CUALIDADES DE UNA VERDADERA AMISTAD?

El autor y pastor Tim Keller bosqueja cuatro marcas de un amigo genuino: constancia, consideración, candor y consejo. Constancia significa que la persona es un amigo en todas las circunstancias: las buenas, las terribles y todo lo que hay entre medio. Consideración es cuando un amigo sostiene tu corazón con ternura en sus manos para nutrirlo, sabiendo que se puede romper. Candor no es solo ser franco; es una hermosa mezcla de gracia y verdad, sabiendo que a veces las palabras sinceras duelen, pero solo como el bisturí de un cirujano duele mientras sana. Y el consejo es la sabiduría y voluntad de dar asesoría, pero solo si se pide, conociendo tan bien a la persona que entendemos cómo decirlo para que lo pueda recibir.[50] Esta mezcla de cualidades es poco frecuente por varias razones: estamos distraídos y ocupados; somos móviles, así que no echamos raíces; no queremos invertir el tiempo necesario; y vemos a las personas así como, bueno, un tanto extrañas.

¿TIENES ALGÚN AMIGO DE VERDAD?

En nuestras organizaciones a menudo nos sentimos aislados. Somos líderes y nuestra gente son seguidores. Ellos no entienden las presiones que sentimos y no luchan con las complejidades que pasan por nuestra mente día y noche. Hemos llegado a un puesto de autoridad, y ellos, al menos algunos de ellos, están compitiendo por el siguiente peldaño de la escalera, así que somos un poco recelosos de sus deseos de ser amigos. Algunos nos hemos quemado en el pasado y no bajaremos la guardia ahora. Mantenerlos a cierta distancia parece perfectamente razonable y apropiado.

PERO ESTA ES LA VERDAD: SI NO TIENES AMIGOS, ESTÁS EN EL CAMINO HACIA EL AGOTAMIENTO. ESCRÍBELO; TE LO GARANTIZO.

Pero esta es la verdad: si no tienes amigos, estás en el camino hacia el agotamiento. Escríbelo; te lo garantizo. Dios nos ha hecho como criaturas relacionales y necesitamos amor y entendimiento como un pez necesita el agua. Quizá seamos capaces de endurecernos y aguantar por varios años, pero tarde o temprano sucumbiremos.

Mi recomendación no es que los miembros de tu equipo sean tus mejores amigos. Pueden estar en algún lugar de tu esfera de amistades, pero es mucho mejor encontrar a un colega o dos fuera de tu organización. Puedes tener cercanía con alguien que esté en el mismo campo que tú, o alguien que esté en una línea de trabajo totalmente distinta. El punto es que no dependan el uno del otro para el avance profesional, para que no compitan entre ustedes. Cuando se junten pueden ser totalmente transparentes, sin temor a que tu amigo vaya a usar tu honestidad en contra tuya.

En tiempos de crisis y pérdida, la gente a menudo se vuelve más transparente y revela más su corazón. Cuando la pandemia entró en su segunda ola en el verano de 2020, un líder de la costa Oeste me llamó para conversar conmigo. En mi trabajo como consultor respondo a muchas preguntas específicas de liderazgo, pero enseguida en la conversación me di cuenta de que esta llamada era distinta. Le pregunté: "Dime, ¿cómo te va? ¿Cómo está lidiando tu familia con toda esta incertidumbre?".

Tras unos segundos, me dijo: "Sam, mi madre murió, pero no me permitieron estar con ella. Ella había estado en la UCI por dos semanas. Había visto que ocurría eso en las noticias, pero nunca imaginé que nos pudiera suceder a nosotros". Después me explicó que sus dos hijos lo habían pasado mal con la escuela en línea, que extrañaban a sus amigos y que se aburrían en casa, todo lo cual les había hecho estar más irritables y había creado más tensión para él y para su esposa. Todo esto era mucho con lo que lidiar, pero la alteración familiar era un añadido a la pérdida de su madre y a miles de dificultades organizacionales más en el trabajo.

"¿Tienes a alguien con quien te puedas tomar un café?", le sugerí. "¿Alguien que sea un verdadero amigo?".

"Por eso te llamo, Sam. Por eso te estoy llamando a ti".

Durante la pandemia hemos descubierto a nuestros verdaderos amigos. En la prisa de intentar cuidar de los negocios, quizá no hablamos regularmente, pero cuando lo hacemos, lo retomamos justo donde lo habíamos dejado. El poder de las amistades tiene un efecto inmediato y duradero. En el momento en que entendemos y nos sentimos entendidos recibimos una ráfaga de químicos cerebrales que nos dicen que las cosas van a estar bien. Y días y semanas después, tenemos la firme confianza de que, a pesar de lo que ocurra, hay alguien con quien podemos contar y eso significa mucho para nosotros.

En este capítulo no te he dado esos "diez consejos para tener una vida equilibrada". ¡Nuestra vida ha tenido de todo menos equilibrio durante el COVID-19! Incluso cuando la vida es caótica, tener un verdadero amigo o dos te aporta estabilidad, esperanza, entendimiento y un sentimiento de que alguien se interesa sin querer nada a cambio. Cultivar estas relaciones es nuestra primera prioridad en el cuidado personal.

PARA RECORDAR

- Los líderes han sufrido profundos moratones musculares durante la pandemia y el dolor persiste.
- Necesitamos al menos un amigo o dos como "ciudades de refugio".
- Cultivar verdaderas amistades requiere tiempo y energía, pero vale mucho la pena.

PARA PENSAR

1. ¿Cuáles son algunas de las formas en que liderar durante la pandemia han infligido "profundos moratones musculares" en tu alma?

2. Si una persona muy perceptiva pudiera observarte durante una semana, ¿cómo evaluaría tu salud mental, relacional, espiritual y económica?

3. ¿Estás de acuerdo o discrepas con que el factor más importante en el cuidado personal es cultivar una o dos amistades auténticas? Explica tu respuesta.

4. ¿Cómo ampliarías las descripciones de las cuatro cualidades de la amistad: constancia, consideración, candor y consejo?

5. ¿Qué pasos específicos darás para encontrar este tipo de amistad o para cultivar las que tienes?

ACERCA DEL AUTOR

La singular visión de Sam Chand para su vida es ayudar a otros a tener éxito. Como autor prolífico y reconocido consultor comercial internacional desarrolla líderes mediante la consultoría, el Instituto de Liderazgo Sam Chand, Dream Releaser Coaching, AVAIL Journal, Inspire Collective y otros recursos como libros, webinars y descargas digitales.

Sam da consultoría a grandes iglesias, organizaciones sin fines de lucro y empresas sobre liderazgo y crecimiento. Realiza conferencias de liderazgo en todo el mundo y habla regularmente en corporaciones, mesas redondas de empresas, seminarios, entre otras oportunidades para desarrollar líderes.

Al haberse criado en el hogar de un pastor en India, esto ha equipado a Sam de manera muy particular para compartir su pasión por mentorear, desarrollar e inspirar a líderes a romper todos los límites. Se le ha llamado liberador de sueños, arquitecto del liderazgo y estratega del cambio.

En la década de los setenta, como estudiante de Beulah Heights Bible College, Sam trabajó como conserje, cocinero y lavaplatos para financiar sus estudios. Regresó en 1989 como presidente; y bajo su liderazgo, Beulah Heights Bible University se convirtió en la universidad cristiana predominantemente afroamericana más grande del país.

Sam tiene un doctorado honorífico en Humanidades de Beulah Heights University, un doctorado honorífico en Divinidades de Heritage Bible College, una maestría en Consejería Bíblica de Grace Theological Seminary, y un grado en Educación Bíblica de Beulah Heights. Ha sido mentor de líderes de iglesias y ministerios, y también de corporaciones y empresas internacionales, así como de negocios emergentes. Fue nombrado uno de los treinta mejores gurús de liderazgo por *www.leadershipgurus.net*.

Sam ha escrito más de veinte libros sobre liderazgo, tales como *Aprovecha el poder de la tensión, Secuencia hacia el éxito: Tres cosas que te pueden llevar a cualquier lugar en la vida; Piensa diferente, vive diferente; Inspira; Liderazgo acelerado; ¿Quién sostiene tu escalera?;* y *El dolor del liderazgo*.

Sam y su esposa Brenda tienen dos hijas adultas. Tienen su hogar en Atlanta, Georgia.

Para más información o para conectar con Sam, por favor visita *www.samchand.com*.

NOTAS

CAPÍTULO 1: NUNCA VOLVERÁ A SER LO MISMO

1. Laura Spinney, "The World Changed Its Approach to Health After the 1918 Flu. Will It After the COVID-19 Outbreak?", *TIME*, 7 de marzo de 2020 (time.com/5797629/health-1918-flu-epidemic).
2. Anne Sraders y Lance Lambert, "Nearly 100,000 establishments that temporarily shut down due to the pandemic are now out of business", *Fortune*, 28 de septiembre de 2020 (fortune.com/2020/09/28/covid-businesses-shut-down-closed).
3. Michael Brendan Dougherty, "The Sick Year", *National Review*, 10 de febrero de 2021 (www.nationalreview.com/2021/02/the-sick-year).
4. "COVID-19 and multiorgan failure", National Institutes of Health (www.ncbi.nlm.nih.gov/pmc/articles/PMC7533045/#:~:text=COVID%2D19%20also%20is,al.%202020).
5. Julianne Holt-Lunstad, "The Double Pandemic Of Social Isolation And COVID-19: Cross-Sector Policy Must Address Both", *Health Affairs*, 22 de junio de 2020 (www.healthaffairs.org/do/10.1377/hblog20200609.53823).
6. "Reimagining the postpandemic organization", *McKinsey Quarterly*, 15 de mayo de 2020 (www.mckinsey.com/business-functions/organization/our-insights/reimagining-the-post-pandemic-organization).

7. "The Shortlist", McKinsey & Company, 7 de agosto de 2020 (www.mckinsey.com/~/media/McKinsey/Email/Shortlist/99/2020-08-7.html).

CAPÍTULO 2: TRES CAMBIOS MASIVOS

8. Falon Fatemi, "3 Ways Covid-19 Will Permanently Change the Future of Work", *Forbes*, 3 de junio de 2020 (www.forbes.com/sites/falonfatemi/2020/06/03/3-ways-covid-19-will-permanently-change-the-future-of-work/?sh=5604412065b1).
9. Michael Jacobides y Martin Reeves, "Adapt Your Business to the New Reality", *Harvard Business Review*, septiembre-octubre 2020 (hbr.org/2020/09/adapt-your-business-to-the-new-reality).
10. Jennifer Clopton, "COVID Stressing the Nation's Stress Therapy System", *WebMD*, 8 de enero de 2021 (www.webmd.com/lung/news/20210108/covid-stressing-the-nations-stress-therapy-system).
11. Ibid.
12. Rita McGrath, "Thoughts in the Midst of an Inflection Point", Rita McGrath Group, 20 de marzo de 2020 (www.ritamcgrath.com/2020/03/thoughts-in-the-midst-of-an-inflection-point).

CAPÍTULO 3: EL RITMO DEL CAMBIO

13. Rhett Power, "How 5 Businesses Are Adapting to Life in a Pandemic", *Forbes*, 26 de abril de 2020 (www.forbes.com/sites/rhettpower/2020/04/26/how-5-businesses-are-adapting-to-life-in-a-pandemic/?sh=169996d44f5a)
14. Dana Rubinstein, Juliana Kim, Troy Closson y Michael Gold, "As New York City's Covid-19 Lockdown Nears, Confusion and Anger Reign", *The New York Times*, 20 de octubre de 2020, (www.nytimes.com/live/2020/10/08/world/covid-coronavirus).

CAPÍTULO 4: PERSONAS DE CAMBIO

15. *Change Management Leadership Guide*, Ryerson University Human Resources, 2011, p. 11.
16. Krister Ungerböck, "Why introvert leaders excel during a crisis", *Fast Company*, 12 de mayo de 2020, (www.fastcompany.com/90503743/why-introverted-leaders-excel-during-a-crisis).

17. Megan L. Evans, M.D., M.P.H., Margo Lindauer, J.D., y Maureen E. Farrell, M.D., "A Pandemic within a Pandemic—Intimate Partner Violence during Covid-19", *The New England Journal of Medicine,* diciembre de 2020, (www.nejm.org/doi/full/10.1056/NEJMp2024046).
18. Kristopher T. Kang, MD, y Nita Jain, MD, FRCPC, "Child Abuse and Neglect in the COVID-19 Era: A Primer for Front-Line Physicians in British Columbia", *BC Medical Journal,* septiembre de 2020 (bcmj.org/articles/child-abuse-and-neglect-covid-19-era-primer-front-line-physicians-british-columbia).
19. Emilio Marrero, "Survey: Alcohol and Drug Use Increase During Covid-19 Pandemic", Baptist Health South Florida, 10 de septiembre de 2020 (baptisthealth.net/baptist-health-news/alcohol-and-drug-use-on-the-rise-during-covid-19-pandemic).
20. Sarah Schwartz, "Survey: Teachers and Students Are Struggling with Online Learning", *Education Week,* 16 de noviembre de 2020 (www.edweek.org/teaching-learning/survey-teachers-and-students-are-struggling-with-online-learning/2020/11).
21. Charles Stone, "8 Neurological Reasons Why Church Change Is So Difficult". *Outreach Magazine,* 5 de marzo de 2018 (outreachmagazine.com/features/leadership/27000-8-neurological-reasons-church-change-difficult.html).
22. Kim Pope, "Why Empathy Is Vital for Effective Leadership, Especially in Times of Crisis", *Forbes,* 19 de junio de 2020 (www.forbes.com/sites/forbeshumanresourcescouncil/2020/06/19/why-empathy-is-vital-for-effective-leadership-especially-in-times-of-crisis/?sh=4a81633d449f).
23. Carolyn Dewar, Scott Keller, Kevin Sneader, y Kurt Strovink, "The CEO moment: Leadership for a new era", *McKinsey Quarterly,* 21 de julio de 2020 (www.mckinsey.com/featured-insights/leadership/the-ceo-moment-leadership-for-a-new-era).

CAPÍTULO 5: EL PROCESO DEL CAMBIO

24. Dr. Tim Elmore, "Inseparable: The Sobering Truth About Tomorrow's Leaders", *Growing Leaders,* 10 de septiembre de 2013 (growingleaders.com/blog/inseparable-sobering-truth-tomorrows-leaders).

25. Charles Conn y Robert McLean, "Six problem-solving mindsets for very uncertain times", *McKinsey Quarterly*, 15 de septiembre de 2020 (www.mckinsey.com/business-functions/strategy-and-corporate-finance/our-insights/six-problem-solving-mindsets-for-very-uncertain-times).
26. Ibid. Para más de Chris Bradley, en una conversación con Rob McLean, ver "Want better strategies? Become a bulletproof problem solver", McKinsey & Company, 8 de agosto de 2019 (www.mckinsey.com/business-functions/strategy-and-corporate-finance/our-insights/want-better-strategies-become-a-bulletproof-problem-solver).
27. Melissa Swift, "Choose Your Own Future", Korn Ferry (focus.kornferry.com/wp-content/uploads/2015/02/Korn-Ferry-Choose-your-own-future.pdf).

CAPÍTULO 6: PROGRAMAS EN CAMBIO

28. Jon Wertheim, "Companies and Foreign Countries Vying for Your DNA", *60 Minutes*, 31 de enero de 2021, (www.cbsnews.com/news/dna-genealogy-privacy-60-minutes-2021-01-31).
29. "Forcing Change: Driving Innovation and Delivering Results", Brett Ridge y Brian Reich, CDS Global, 2013.
30. De *Leading Change* de John Kotter, adaptado por *Leadership Wired*, Issue 1.
31. Gary Burnison, "It's Time to Be Vulnerable", Korn Ferry, 10 de mayo de 2020 (www.kornferry.com/insights/special-edition/vulnerability-leadership-coronavirus).
32. Ibid.

CAPÍTULO 7: PROCLAMACIÓN EN EL CAMBIO

33. Scott Pelley, "Stories from those who lost loved ones to COVID-19", *60 Minutes*, 31 de enero de 2021 (www.cbsnews.com/news/covid-19-deaths-families-60-minutes-2021-01-31).

CAPÍTULO 8: PREPARACIÓN PARA EL CAMBIO

34. Richard Ades, "In a Crisis, Values Matter", *Corporate Board Member* (boardmember.com/crisis-values-matter).
35. Ibid.

36. "Where Change Management Fails", Robert Half Management Resources, 3 de febrero de 2016 (rh-us.mediaroom.com/2016-02-03-Where-Change-Management-Fails).
37. Brent Gleeson, "1 Reason Why Most Change Management Efforts Fail", *Forbes*, 25 de julio de 2017 (www.forbes.com/sites/brentgleeson/2017/07/25/1-reason-why-most-change-management-efforts-fail/?sh=f413194546b7).
38. Samuel R. Chand, *New Thinking, New Future* (New Kensington, PA: Whitaker House, 2019), pp. 36–37.
39. Barry Ritholtz, "The World Is About to Change Even Faster", *Bloomberg*, 6 de julio de 2017 (www.bloomberg.com/opinion/articles/2017-07-06/the-world-is-about-to-change-even-faster).

CAPÍTULO 9: CUIDADO PERSONAL EN TIEMPOS CAMBIANTES

40. "Early Release of Selected Mental Health Estimates Based on Data from the January–June 2019 National Health Interview Survey" (www.cdc.gov/nchs/data/nhis/earlyrelease/ERmentalhealth-508.pdf).
41. "Anxiety and Depression Household Pulse Survey" (www.cdc.gov/nchs/covid19/pulse/mental-health.htm).
42. Nirmita Panchal, Rabah Kamal, Cynthia Cox, y Rachel Garfield, "The Implications of COVID-19 for Mental Health and Substance Abuse", KFF, 10 de febrero de 2021 (www.kff.org/coronavirus-covid-19/issue-brief/the-implications-of-covid-19-for-mental-health-and-substance-use).
43. Jacob E. Barkley, et al., "The Acute Effects of the COVID-19 Pandemic on Physical Activity and Sedentary Behavior in University Students and Employees", National Institutes of Health, 1 de septiembre de 2020 (www.ncbi.nlm.nih.gov/pmc/articles/PMC7523895).
44. Tyler Wilkins, "Researchers study COVID's effect on relationships", UGA Today, 8 de abril de 2020 (news.uga.edu/research-covid19-effect-on-relationships).
45. Ibid.
46. Daniel Goleman, "'Spiritual' Health in the Pandemic", Korn Ferry, (www.kornferry.com/insights/articles/spiritual-health-purpose-coronavirus).

47. Nicolette V. Roman, Thuli G. Mthembu, y Mujeeb Hoosen, "Spiritual care—'A deeper immunity—A response to Covid-19 pandemic", NIH, 15 de junio de 2020 (www.ncbi.nlm.nih.gov/pmc/articles/PMC7343955).
48. William Creech, "Building your spiritual life during changes brought about by the COVID-19 pandemic", Mayo Clinic Health System (www.mayoclinichealthsystem.org/hometown-health/speaking-of-health/building-your-spiritual-life-during-covid-19-changes).
49. Kerry Maloney, "Spiritual Resources During the COVID Pandemic", Harvard Divinity School, (hds.harvard.edu/life-at-hds/religious-and-spiritual-life/spiritual-resources-during-covid-19-pandemic).
50. Adaptado de "Friendship", Tim Keller, 18 de diciembre de 2015 (reformedevangelist.blogspot.com/2015/12/a-transcription-of-tim-kellers_18.html).